播音主持理论与技巧应用研究

贾喻翔　李　爽　杨申正　著

北京工业大学出版社

图书在版编目（CIP）数据

播音主持理论与技巧应用研究 / 贾喻翔，李爽，杨申正著． — 北京：北京工业大学出版社，2022.10
　　ISBN 978-7-5639-8477-0

Ⅰ．①播… Ⅱ．①贾… ②李… ③杨… Ⅲ．①播音－语言艺术－研究②主持人－语言艺术－研究 Ⅳ．① G222.2

中国版本图书馆 CIP 数据核字（2022）第 186547 号

播音主持理论与技巧应用研究
BOYIN ZHUCHI LILUN YU JIQIAO YINGYONG YANJIU

著　　者：贾喻翔　李　爽　杨申正
责任编辑：张　娇
封面设计：知更壹点
出版发行：北京工业大学出版社
（北京市朝阳区平乐园 100 号　邮编：100124）
010-67391722（传真）　bgdcbs@sina.com
经销单位：全国各地新华书店
承印单位：唐山市铭诚印刷有限公司
开　　本：710 毫米 ×1000 毫米　1/16
印　　张：10.75
字　　数：215 千字
版　　次：2023 年 4 月第 1 版
印　　次：2023 年 4 月第 1 次印刷
标准书号：ISBN 978-7-5639-8477-0
定　　价：72.00 元

版权所有　翻印必究

（如发现印装质量问题，请寄本社发行部调换 010-67391106）

作者简介

贾喻翔，男，1987年生，讲师，河南焦作人。本科毕业于陕西师范大学新闻与传播学院，研究生毕业于安徽大学文学院，现为河南开封科技传媒学院教师，多年来一直从事播音与主持艺术教学工作，研究方向：传统文化视域下的有声语音传播。

李爽，女，1988年生，讲师，河南开封人。毕业于河南大学新闻与传播学院，现为河南开封科技传媒学院教师，多年来一直从事播音与主持艺术教学工作，研究方向：播音主持的融合创新研究。

杨申正，男，1989年生，河南开封人，2015年毕业于河南大学新闻与传播学院，戏剧与影视学硕士研究生，现为河南开封科技传媒学院教师，多年来一直从事播音与主持艺术专业的教学工作，研究方向：新媒体传播及文化传播。

前　言

在媒介融合背景下，广播电视行业的市场竞争日益激烈，对于播音主持人员的要求也越来越高。对于广播电视行业来说，播音主持艺术是不可缺少的关键要素，想要使节目获得成功，播音员主持人就要不断适应新要求，扎实学习更多播音主持技巧，充分认知播音主持特征，不断提升自身的专业能力和水平。

全书共八章。第一章为绪论，主要阐述了播音与主持、播音主持的发展、播音主持艺术的属性、播音主持语言表达样式等内容；第二章为播音主持创作的构成，主要阐述了播音主持创作主体、播音主持文本主体、播音主持接受主体等内容；第三章为播音主持的呼吸方式，主要阐述了播音主持的呼吸、播音主持对气息的要求、播音主持中的气息运用、播音主持的气息控制训练等内容；第四章为播音主持的吐字方式，主要阐述了播音发声的吐字要求、口腔控制与吐字归音、吐字归音在播音主持中的运用、播音主持的吐字归音训练等内容；第五章为播音主持的发声方式，主要阐述了播音主持的发声类型与要素、播音主持的发声机理、播音主持的发声训练等内容；第六章为播音主持的审美特征，主要阐述了播音主持的规范性、播音主持的音声美、播音主持的意蕴美、播音主持的分寸美、播音主持的意境美、播音主持的综合美等内容；第七章为播音主持的业务，主要阐述了播音主持人员的品牌形象及其管理、播音主持语言规范与分析等内容；第八章为融媒时代播音主持的发展趋势，主要阐述了播音主持技术革新与应对、播音主持行业动态与观察等内容。

本书贾喻翔撰写约 8.9 万字，李爽撰写约 8.5 万字，杨申正撰写约 8.1 万字。

笔者在撰写本书的过程中，借鉴了国内外很多相关的研究成果以及著作、期刊、论文等，在此向相关学者、专家表示衷心的感谢。

由于本人水平有限，书中有一些内容还有待进一步深入研究和论证，在此恳切地希望各位读者朋友予以斧正。

目　　录

第一章　绪　论 …………………………………………………………… 1
　　第一节　播音与主持 ………………………………………………… 1
　　第二节　播音主持的发展 …………………………………………… 8
　　第三节　播音主持艺术的属性 ……………………………………… 11
　　第四节　播音主持语言表达样式 …………………………………… 17

第二章　播音主持创作的构成 …………………………………………… 24
　　第一节　播音主持创作主体 ………………………………………… 24
　　第二节　播音主持文本主体 ………………………………………… 30
　　第三节　播音主持接受主体 ………………………………………… 35

第三章　播音主持的呼吸方式 …………………………………………… 38
　　第一节　播音主持的呼吸 …………………………………………… 38
　　第二节　播音主持对气息的要求 …………………………………… 46
　　第三节　播音主持中的气息运用 …………………………………… 47
　　第四节　播音主持的气息控制训练 ………………………………… 51

第四章　播音主持的吐字方式 …………………………………………… 58
　　第一节　播音发声的吐字要求 ……………………………………… 58
　　第二节　口腔控制与吐字归音 ……………………………………… 60
　　第三节　吐字归音在播音主持中的运用 …………………………… 66
　　第四节　播音主持的吐字归音训练 ………………………………… 71

第五章　播音主持的发声方式 …………………………………………… 75
　　第一节　播音主持的发声类型与要素 ……………………………… 75

· 1 ·

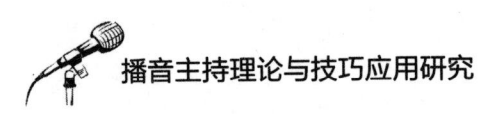

第二节　播音主持的发声机理·················80
　　第三节　播音主持的发声训练·················83

第六章　播音主持的审美特征·····················96
　　第一节　播音主持的规范性··················96
　　第二节　播音主持的音声美·················103
　　第三节　播音主持的意蕴美·················106
　　第四节　播音主持的分寸美·················107
　　第五节　播音主持的意境美·················109
　　第六节　播音主持的综合美·················112

第七章　播音主持的品牌形象及语言规范···········120
　　第一节　播音主持人员的品牌形象及其管理······120
　　第二节　播音主持语言规范与分析············130

第八章　融媒时代播音主持的发展趋势·············144
　　第一节　播音主持技术革新与应对············144
　　第二节　播音主持行业动态与观察············160

参考文献·····································163

第一章 绪 论

随着传播的变革，播音主持的内涵不断丰富，为了适应时代发展播音主持被赋予了更多新的内涵。播音主持艺术也是一种语言艺术，语言艺术涵盖的内容十分广泛。本章分为播音与主持、播音主持的发展、播音主持艺术的属性、播音主持语言表达样式四个部分。

第一节 播音与主持

一、播音的概念

（一）播音的由来

对于"播音"，一般人会通俗地认为播音就是一种具体的语言样式，播音就是念字，新闻播报就是播音，从广播台里播出来的广播节目就是播音，以上观点均为对播音的狭义理解。实际上播音涉及的范围十分广泛，播音文体和播音话语表达样式决定了播音呈现的样态不仅只有新闻播报。播音文体是指不同的文字题材，如新闻、短讯、编后语、社论等，如果将播音文体视为内容，话语表达样式就是形式。话语表达样式是指"有声语言在一定语境下所具有的一定的声音形式"。这里的语境，我们可以理解为播音文体的语境。

我们在界定播音时应该从艺术创作的维度来深度抽绎，学术界将播音的概念界定为："电台、电视台等传播媒介所进行的一切通过有声语言和副语言传播信息的活动。"一般来说，播音创作包含了四个层面：作品、创作能力、创作的过程和具体的创作方法。

从表现形式上来说，有声语言艺术是对语言艺术的动态呈现。有声语言艺术具有一定的特殊性，这种特殊性在于创作者用声音进行艺术创作，将语言文字有声化。播音作为一种有声语言艺术，其类属与语言艺术既有联系又有区别。诗歌、散文、小说、剧本等各种体裁被统称为语言艺术。语言是文学作品塑造艺术形象、表达作家主观情感和思想的艺术媒介，所以，文学也被称为语言艺术。文学为有声语言艺术创作提供了文本依据，一度创作的文学作品被创作主体进行二度创作，实现了从语言艺术到有声语言艺术的有声化艺术呈现。播音创作主体依据文稿，唤起审美意识，融入自身的情感，将语言文字在时间的流动中流畅地表达，进行了整体的呈现。而创作主体运用有声语言创作技巧对局部进行细微艺术化的处理时，使有声语言具有韵味和美感，拓展了创作主体的心理审美空间。从文字语言艺术到有声语言艺术化的呈现，二度艺术创作赋予了有声语言艺术更加丰富的审美意蕴。

实际上播音早于主持，主持是播音的延伸产物，主持继承了播音创作的方法、方式、语态，其本质核心和播音是相同的，都是通过有声语言和副语言进行创作传播。只是由于节目形态、节目内容不同，其播音文体的话语表达样式不同，所表现的播音效果也不同。鉴于此，我们认为播音包含了广播电视新闻播音主持、文艺播音主持、配音、节目主持、专题片解说配音等通过有声语言进行创作的艺术形式；这其中又包含了无稿播音创作和有稿播音创作，无稿播音是根据节目大纲进行即兴创作，有稿播音是根据节目文稿进行二度创作。业界主张一度创作——无稿播音出口成章，二度创作——有稿播音锦上添花。

（二）播音的内涵

播音是运用有声语言进行艺术创作的活动。它不仅仅是依据稿件来进行有声语言再创造，还包括"无稿播音"的各种话语艺术。播音的内涵主要包括语音清晰规范、选词形象生动、表达明白流畅等。

1. 语音清晰规范

播音语言是一种媒体语言，而媒体又是面向大众的。大众传媒本身要求信息有较高的清晰度、可懂度和可感度，同时由于它对社会的影响广泛，因此必须承担相应的社会责任。推广规范的全民族共同语——普通话，就是其中的一项重要社会责任。实现广播语言文字的规范化、标准化，是普及文化教育、发展科学技术、提高工作效率的一项基础工作，对社会主义物质文明建设和精神文明建设具有重要意义。广播电视工作者应该模范地贯彻推广普通话的方针政策，成为语言

第一章 绪 论

文字规范化的宣传者和实践者。播音员主持人必须不断锤炼自己的有声语言，使自己的播音语言准确、清晰、圆润和富于变化。

语言准确清晰，强调的是节目主持人吐字发音准确清晰。准确是指吐字发音要合乎规范，发音部位和发音方法要准确无误。在语流中，尽管存在音变、语调等的影响，但都必须遵循普通话的规范，在语音准确的基础上，提高语言的表现能力。播音吐字的准确度要求很高，它的规范性要求也更为严格。清晰是与含混相对应的，它不是指声音的大小，而是指字音的纯净度。播音对吐字归音清晰度的要求要高于对嗓音的响亮度的要求。例如对于旅游节目的播音来说，观众已经习惯从播音员主持人的视角来领略风景和接收信息，播音员主持人也就成为受众的引导者，如果其在节目中语言表达不清晰、不准确，传递的信息让观众理解不了则会失去观众的信任，影响节目的播出效果。外景出镜播音不同于演播室播音，外景出镜播音会受到各种干扰因素的影响，如遇到环境嘈杂的情况，而环境音又往往是旅游节目的重要组成部分，在这种情况下，播音员主持人要想将信息准确清晰地传达给受众就更要规范地吐字发音，做到准确清晰。

圆润是播音吐字的基本要求。如果说吐字归音的准确、清晰指的是"字正"，那么圆润则就是指悦耳动听的"腔圆"了。播音需要通过嗓音来反映汉语音节本身的音乐性，从而达到圆润的效果。

富于变化是吐字归音在表情达意方面的最终要求。播音要表现丰富多彩的社会生活，语言是活泼、生动、富于表现力的。在播音实践中既要强调语言的规范化，同时也要提倡语言的生活化、大众化。

2. 选词形象生动

有稿件的播音可以不考虑选词用句的问题，但是没有稿件的播音就要求播音员能够出口成章。如果没有良好的语言修养是难以"成章"的，即便"成章"也可能会佶屈聱牙、晦涩难懂，不能称为"华章"。特别是播音主持大多是在交流状态下使用有声语言的，更应该注意这方面的语言修养，要求选词用句准确、适度得体、规范。既要尊重历史词语发展的一般规律，还要考虑约定俗成的社会习惯，恰当吸收并引用一些新的词汇。

3. 表达明白晓畅

播音表达就是指播音主持文本的播报方式。从口语表达的角度分析，播音表达可以分为转述式播报、陈述式报道、阐述式评论、叙述式交流、描述式解说等。这些口语表述方式在传播实践中都客观存在，也都具有各自的特点和应用范围。

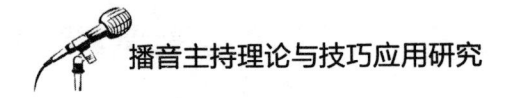

(三) 播音的外延

口头语言也受到语境的制约,我们把经过艺术加工的有声语言,称为"有声艺术语言",凡是在播音主持文本中运用话筒进行再创造的有声语言,都属于有声艺术语言。但是,不同的语境对语体的选择和语式的运用都有不同的要求,不同的语境就是制约播音语言的特定条件。

播音就是一种口头语言形式,从语言材料的运用角度分析,可分为"有稿播音"和"无稿播音"。从应用语言学的角度分析,在现存的播音方式中至少涵盖了三种口头语体形式：播读(朗读)、阐说(演讲)和谈话。播读语体又可分为新闻(三大文体播读)、文学(朗读)和诗歌(朗诵)等,阐说语体又可分为报道、评述、解说等,谈话语体又可分为访谈、交谈和侃谈等。任何一种语体现象都不会孤立存在。各类语体必然会存在互相渗透、相互交叉的情况。

二、主持的概念

"主持"是人们在探求传播规律的过程中,寻找到的一种比较符合播音主持文本特点的传播形式。如果只是用"有声语言创作活动"来说明主持行为显然是不够的,因为"主持"行为使用了包括语言和非语言在内的各种有效传播方式。它不只是播出的最后一环,而且需要协调和控制整个传播过程,营造某种传播氛围。我们可以把播音看作一种语言艺术,而主持则主要是一种交流行为,需要在传播过程中加以考察。

(一) 主持的内涵

传统播音和主持人节目播音的重要区别仍然是"播读"与"交谈"的不同。如果说"播读""录播"是"单向传播"模式,那么"交谈""直播"显然就是"双向交流"模式了。因此,"交流传播"应该是"主持"的基本内涵。

"主持"是从节目形态的变化中产生的传播行为,这种节目形态的显著特点就是双向交流。这就是它与传统节目"单向广播"模式的本质区别。传播学的一个重要原则是,"信息是共享的"。有效传播是一个双向的过程,只有不断地调整"传"与"受"之间的关系,才有可能达到共享的目的。如何在大众传播的过程中创造出"交流情境",几乎是所有主持人节目努力的方向。从这样的认识角度可以得到许多合理的解释,譬如,主持人所谓的"人格化""个性化"是由于

第一章 绪 论

真情交流的需要，面对不真实的人就不可能展开积极的交流；交流的情境是双向的，交谈又总是在平等的"主客关系"中进行的；日常生活中的人际交流和团体互动一般都会有一个主持者，把这种交流形式引入广播电视，就必须有"主持人"等。

分析主持人节目的传播过程，我们可以看到，主持人所发挥的作用恰似这样的现代传播者。一方面他作为"主人"需要提供大量的信息，同时他还需要调制整合各类信息，以便大家能够共同分享。由于他被放在了社会交流的过程中，所以他不可能再"照本宣科"式地转述稿件内容。

（二）主持的外延

"主持"的外延主要是指主持不同文本内容的传播。譬如新闻类节目主持、综艺类节目主持、谈话类节目主持等。因为主持人是相对固定在特定的节目中的，所以要求与节目共同形成鲜明的个性。

主持文本内容的专业性特点，要求主持人具有较为深广的与文本内容相关的专业知识。主持人的知识储备和积累是个长期的过程，并不是只通过狭义的备稿就可以完成的。在直接面对受众交流的过程中，主持人必须持之有故，言之成理。

1. 新闻类主持

主持这类文本要求具有较高的新闻素养、较强的新闻敏感，能够准确把握新闻价值，迅速形成报道角度。所以新闻类主持人往往是大众传媒的"旗帜"，具有无可替代的权威性。由于责任重大，他们主要由资深记者、新闻评论员来承担。

2. 综艺类主持

综艺类节目以文艺内容为主，具有明显的艺术特征，主持人需要具备一定的艺术素质。

3. 谈话类主持

这类节目方兴未艾，内容也涉及方方面面。这类节目主持人具有的共同特点是善解人意、妙语连珠。

4. 专题类主持

主题几乎包罗万象，根据特定宗旨来设置相应的主持人。随着传统媒体技术的迅猛发展，人们对于广播媒体的关注度也不断提高，我国专题节目的创作也活

· 5 ·

跃在大众的视野中，不仅为大众带来了感官上的享受，也展示出了独特的魅力，丰富了大众的文化知识。专题节目的内容面面俱到，从人文类到社会类再到自然环境类包罗万象；专题节目的形式汇集了各种电视节目的表现手法，功能齐全，被观众所喜爱。那么在专题节目中，主持人起着至关重要的作用，核心思想——情感是电视专题节目的创作依据，创作形式——故事化则是电视专题节目做到生动形象的重要保障。因此，电视专题节目的艺术性、真实性、思考性也一直吸引着广大受众。而主持人在专题节目中占据的地位也越来越重要。主持人与节目的关系十分密切，主持人在节目中作为引导者、串联者，可以通过自己的话语、形象发挥作用；与此同时，也只有通过主持人，节目才会建立与观众互动的桥梁，传播节目的核心思想。主持人作为专题节目的传播者，应具有亲和力和人情味，要以观众喜闻乐见的话语来主持节目。

专题节目主持人的话语特征体现在以下三个层面。

①客观中显亲切。主持人在专题节目中用客观亲切的语言展现独具特色的主持风格的前提，是要反映多姿多彩的客观世界。因此，主持人的语言要重视节目的特定要求，并且要把握分寸，要理解节目的深层含义，要客观地把节目内容直接表现出来。而态度的客观在于主持人对节目内容、形式、传播对象的准确定位。专题节目更多的是对现实生活的记录，在节目中以人为主体，叙述一个客观对象也是在展示现实生活的基础上客观地进行艺术创作。专题节目更多的是求真求美，这就需要主持人不仅要有客观的态度，还要有亲切的语气。让观众通过主持人直抒胸臆的亲切的语言来感受外界事物的思想感情。

②形象中见生动。专题节目能够引导观众思考生命中深层次的精神含义。主持人在传播过程中起着桥梁作用。主持人的语言要具有形象性和生动性。主持人语言的形象、生动，不仅突出了主持人的聪明、机敏，还能更好地让受众感同身受，参与到节目中来。在文化类专题节目《中国诗词大会》中，主持人董卿在运用唐诗宋词做形象的即兴表达、生动的旁征博引时总是能引起观众的共鸣，恰到好处的语言驾驭呈现出主持人腹有诗书气自华的主持语言风格。

③趣味中有严谨。虽然专题节目中主持人要及时地与受众有情感上的沟通与交流，但是也要妙趣横生地阐释和推理，有情趣有品位地向观众介绍节目背景，这样才能吸引受众的目光。在节目中，主持人要用趣味性的话语模式，帮助观众了解节目的内容，从而引发观众的"共鸣"，揭示主题。在趣味性的语言中，主持人也要注意环境、场合、时机。最重要的是主持人要有严谨的态度，这能体现

主持人的社会责任感。主持人出现在电视屏幕上，其一言一行都代表着国家，因此，要有高度的社会责任感，要有严谨的态度。

5. 服务类主持

这类节目都有明确的服务对象，指向明确。主持人和受众关系融洽，仿佛朋友一般。作为服务类节目主持人，必须了解自己的对象、热情地服务于自己的对象，这样才有其存在的价值。

三、播音与主持的关系

针对播音和主持这两个概念的区分，在传统播音学里是涵盖主持概念的，而在创作路径方面会细化区分二者："播音大体上是力图突出文本价值的实证性，如联播类新闻节目；主持大体上力求突出主体认知的具象性，如综艺类娱乐节目；可以说播音是共性基础上的个性表达，主持是个性言说下的共性诉求。"虽然播音与主持的概念不同，但是它们存在许多共同点。主持人在话筒前说话，那就是"播音"。因此可以认为，播音有更为宽泛的含义，它不仅仅是有稿件依据的播音，还应该包括脱口而出的述评、谈话等语言现象。事实上，它是广播电视中多种口头语体的表达方式。不仅播音员、主持人需要掌握话筒前的语言技能，广播电视记者在现场报道时也需要这种语言能力。之所以说"主持"是节目的传播艺术，是因为主持除了需要运用语言传播以外，还需要把握更多的非语言传播技巧。因此"播音"不能涵盖有声语言以外的传播行为，而"主持"也不可能取代语言再创造的"播音"艺术。

从传播过程来分析，"主持"需要借助播音的语言表达手段，"播音"也需要补充主持的非语言传播方式。"主持"是目前公认的比较理想的一种传播方式，它不仅运用语言手段，还运用了许多非语言手段，传播的信息量大，信息共享程度比较高。现代传媒需要的传播者是多种多样的，不能以一种模式来强行规范。检验的标准就是社会传播实践，学科建设也必须是经得起实践检验的科学体系。只要我们发扬科学的精神和求实的态度，"主持艺术"必将成为学无止境的艺术宝库。

播音和主持是既相互区别、又相互联系的传播活动。但无论是"播音"还是"主持"，都是一种传播行为，追求传播时效是它们共同的目标。这些传播行为总是在一定的语言环境条件下进行的，不同的节目语言环境有不同的表达方式，目的是都为了达到最佳的传播效果。

第二节　播音主持的发展

一、陕北延安时期的播音

中国人民播音事业起始于 1940 年 12 月 30 日。在延安王皮湾的窑洞里，当延安新华广播电台的第一位播音员徐瑞璋用 XNCR 为呼号开始播音时，意味着人民的真理之声从陕北延安开始传播。老一辈播音员在延安的窑洞里，用他们的正义之声传达党中央的指示，传达民族解放斗争中中华民族不屈不挠的精神和不断走向胜利的消息。抗战胜利后，1947 年 3 月，延安新华广播电台改名为陕北新华广播电台。在解放战争时期，中国共产党领导的广播事业不断发展壮大，国民党在内地的电台陆续被人民解放军接管，改建为人民广播电台。其以新闻为主要内容，还有一些通讯和评论。在对敌人的呐喊声中，在党中央指示的传达中，在胜利捷报的传播中，考验和锻炼了播音队伍，形成了战争年代特有的播音风格，"展示着时代的风云、人民斗争的烈火、民族解放的巨澜；体现出磅礴的气势，摧枯拉朽、势不可挡的气概；贯穿着憎爱分明、坚定豪迈的情感；同时又显示出沉着从容、真理在握、稳健大度、朴素平易的气派"。

二、新中国成立后的和平建设时期的播音

1949 年 10 月 1 日，中华人民共和国成立。北京新华广播电台做实况广播，各地人民广播电台同时转播。这是人民广播史上开展的第一次大规模的全国性实况广播。播音员齐越、丁一岚在天安门城楼西侧，向全国听众报告现场情景。当时，全国大约有 40 座电台和一定数量的播音员。

1949 年 12 月 5 日，北京新华广播电台正式定名为中央人民广播电台。

1949 年至 1956 年是人民广播事业迅速发展的时期。播音内容丰富、形式多样。播音员在播新闻、评论、通讯的同时，也开始参加录音报道、时事对话、广播大会、剧场实况转播的播音。节目形式和播音的语言形式更为丰富，播音业务范围得到拓展。

1955 年至 1965 年，播音理论研究取得进展，播音员的业务学习及研讨较多，业务能力大大提高，播音队伍成长很快，涌现出了一批感人至深的优秀播音作品。

1958年5月，我国第一座电视台——北京电视台开始试播。从中央人民广播电台调来的沈力成为第一任电视播音员。20世纪60年代，赵忠祥成为第一任男播音员。

1954年，北京广播学院成立，专门培养广播人才。20世纪60年代初，马尔方、徐恒牵头筹建了播音专业，1963年正式招收播音专业的学生，学制3年，从此我国有了培养播音专业人才的正规院校。

三、改革开放初期的播音

党的十一届三中全会以后，政治上开始拨乱反正，人民播音事业也进入了恢复、发展和创新时期。

1978年元旦，《新闻联播》正式创办，播音员有赵忠祥、李娟、刘佳、邢质斌。1978年5月1日，北京电视台改名为中央电视台。中央电视台不断引进先进设备，播出方式由原始的直播改为录播，节目素材经过编辑、制作，再播出。录播方式保证了节目质量。

1981年8月，第二次播音经验交流大会在北京召开，在会上人们探索新的播音方法，提出了"大胆创新、百花齐放"的口号。播音开始降调，新闻开始提速，传播者和受众向服务与被服务的平等关系转向，有的节目采取"近距离、小音量"的方式。播音语言的对象性、交流感、生动性增强，语言表达样式更为多样。播音理论和播音业务有了新的进展，一大批论著相继问世。

1987年，中国播音学研究会正式成立，随后播音专业高等教育也得到了恢复和发展。至此全国形成"北有北广，南有浙广"的播音人才培养格局。

四、主持事业的初始阶段

1980年7月12日，《观察与思考》在中央电视台开播，至此我国广播电视出现了第一位节目主持人——庞啸，"主持人"这一称谓在我国电视史上第一次出现。

1981年《空中之友》主持人徐曼以亲切平易、甜美柔和的主持风格亮相；广东人民广播电台推出李一萍、李东主持的《大众信箱》，他们聊天式的主持方式很快就得到了受众的认可，一时风靡大江南北；中央电视台推出赵忠祥主持的《北京中学生智力竞赛》，使知识竞赛节目一度掀起高潮。

1983年中央电视台推出《为您服务》节目，沈力成为我国第一位固定栏目的专职主持人，她真诚、平等的主持风格给中国电视留下了值得书写的一笔；中央电视台推出大型电视纪录片《话说长江》，首次在该类节目中设立固定主持人。主持人陈铎、虹云的直接讲解与电视画面相互配合，这一创新在当时形成了"长江热"。

1985年6月1日，中央电视台少儿节目《七巧板》开播，鞠萍姐姐成为孩子们的偶像。

五、主持事业的蓄势阶段

1986年12月，珠江经济广播电台成立，迈出了我国广播改革的第一步。这个节目采用的大版块节目、主持人"提纲＋资料"现场直播、热线电话等播出模式，被称为"珠江模式"。这是我国实行主持人中心制最早的一次探索，对我国主持人的发展有积极意义。这一时期较有影响力的广播节目有中央人民广播电台的《午间半小时》、上海人民广播电台的《蔚兰信箱》、北京人民广播电台的《听众信箱》等。虹云、傅成励、雅坤、蔚兰、钱锋等都是这一时期著名的广播节目主持人。

1987年6月，上海电视台推出了全国第一个多视角的杂志型电视新闻专栏节目《新闻透视》。主持人李培红走出演播室，及时捕捉、剖析受众关注的重大新闻、热点新闻和社会问题，反映受众的意见和呼声。该节目成为受众心中的社会窗口。中央电视台的《今日世界》、浙江电视台的《黄金时间》、山东电视台的《今日报道》等是当时的名牌新闻栏目。

1990年，中央电视台的《综艺大观》和《正大综艺》获得亿万观众的喜爱，倪萍和杨澜在主持人史册上留下了灿烂的一页。

1991年11月，纪录片《望长城》在中央电视台开播，该节目采用主持人串联的形式，长镜头始终跟随主持人。焦建成硬朗、自然的主持风格获得了人们的一致好评。

1990年6月16日，中国广播电视学会主持人节目研究会成立，组织"开拓奖""金话筒奖""金笔奖"的评选活动，推动了我国节目主持人的队伍建设。

六、主持事业的飞跃阶段

1993年5月1日，中央电视台早间新闻杂志节目《东方时空》开播，从此中国电视节目主持事业进入一个崭新的发展阶段。其子栏目《东方之子》《焦点时刻》起用一批记者型主持人，有敬一丹、白岩松、水均益等。

1993年5月10日，《一丹话题》开播，这是我国首个以主持人名字命名的电视栏目；1994年4月1日，中央电视台新闻评论节目《焦点访谈》开播，张恒主持了第一期。《新闻调查》的主持人有白岩松、王志、董倩、长江等。《新闻调查》与《焦点访谈》成为具有政治影响力的节目，起到了舆论监督的作用。

这一时期也涌现出了众多优秀的广播节目主持人，广播节目的形式越来越丰富，广播节目的社会影响力日益扩大。广播电台的午夜热线节目、交通服务节目在社会上引起较大反响，如上海人民广播电台的《相伴到黎明》、杭州人民广播电台的《孤山夜话》等。

1993年，中国播音主持界的最高奖项——"金话筒"奖正式设立。

七、主持事业的成熟阶段

随着传播技术和设备的发展，1997年中央电视台进行了"香港回归""长江三峡截流""黄河小浪底工程截流"等大型直播，电视直播的魅力逐渐显现出来。像"汶川地震"这些举国关注的事件无不是通过直播的方式带给人们一次又一次的震撼的。从电视直播开始以来，涌现出了一批著名的记者型主持人，如敬一丹、白岩松、张泉灵等。

1997年末至1998年就像电视主持的一道分水岭，此后各类型的主持人节目百花齐放，很多节目收视率高、影响力大，明星主持人与节目相伴而生。

2000年6月18日，广东电视台推出真人秀节目《生存大挑战》，此后各类型的真人秀节目迅速发展。

随着主持人节目不断走向新的高度，涌现出了一批批优秀的主持人，名栏目造就名主持，名主持带动栏目的收视。著名主持人成了受人关注的公众人物。

第三节 播音主持艺术的属性

一、播音主持艺术的基本属性

（一）播音主持语音发声的属性

1. 自然属性

①生理性。语音发声声源的振动靠的是人体的发音器官，即声带和共鸣腔。胸腔、喉腔、口腔、鼻腔都是共鸣腔。其中最灵活的是口腔，口腔随着舌、齿、

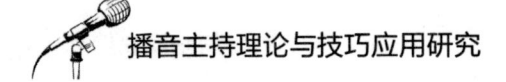

唇和软腭的变化而变化。鼻腔共鸣主要通过软腭的升降运动和声音冲击硬腭的不同位置来调节。

②物理性。通过人体发音器官这一声源的振动，引起空气的振动而产生振动波，也就是声波。

2. 社会属性

①心理性。通过所表达的内容（包括事实、道理的说明阐释和思想、情感的表达抒发）来打动受众，是播音主持语言传播的本质要求。语言的产生和接收理解的过程是人的心理活动过程。

②艺术性。播音员主持人对内容形式把握程度的不同，表达技巧运用水平的不同，都会产生迥然不同的传播效果。就表达而论，要求播音主持语言具备一定的艺术性。

（二）播音主持工作的创造性

播音主持创作主体只有将自己的内心感受、审美追求融入有声语言表达，才称得上是播音主持创作。具体来说，播音主持工作的创造性表现在以下几个方面。

1. 语言交流的传播性

所谓语言交流的传播性，是指播音主持创作活动是一个心理—生理—物理—生理—心理的过程。在播音主持艺术创作的语言传播特点中通常包括规范性、庄重性、鼓动性、时代感、分寸感、亲切感，专业讨论中我们常称之为"三性三感"。不同的创作主体的语言表达可根据播讲人、播讲文本内容或传播模式而进行相应的更改调整，"三性三感"即从播音专业角度探讨语言表达的策略。

①规范性。规范性是一个社会所有活动的共同品质。在语言表达中，规范性体现在普通话的运用及推广中，普通话的使用能够令受众更易理解新闻内容本身。以最标准正统的普通话形式进行传播能够展现中国汉字及标准化语音的文化美学色彩。当然，规范性和流行用语、方言是不矛盾的，一时流行的某种网络语音语调、说话方式只能成为社会发展过程中的过眼云烟，稍纵即逝。在短视频创作中，流行用语和方言的运用在某一层次上能够吸引部分受众，但过分追求腔调和语音的怪异，势必会产生创作的局限性。

②庄重性。庄重性是播音员主持人或以有声语言、副语言为创作手段的新闻工作者在语言表达方面尤其要注意的。庄重性代表着文本内容的可信度，要遵

循新闻事实的客观来源，保持庄重，体现使命担当。庄重性也并非"呆板""毫无人情味"的，可以做到"寓庄于谐"、风趣幽默的话语样态，也可以"寓教于乐"欢愉喜庆地进行表达。在短视频创作中，创作者通常会因网络平台的大众化和随意性，想要主观上拉近和受众的心理距离。但拉近"距离"并不意味着可以随意随性、身姿扭捏，背景采用混乱的生活化场景或带有隐喻都是不可取的。

③鼓动性。播音主持的创作环节具有鼓动性的特点，鼓动性意味着有声语言创作具有鲜明的目的性，并不是为了自娱自乐，目的是让受众获得信息，受到启迪。在众多新闻类短视频中，不少人会在讲述内容中"带节奏"，不能客观如实地再现新闻事件的真实面貌。行业从业者有责任和义务在大众化的多媒体时代树立思想标杆，以"己"微薄之力，推进社会大众的思想进程，点燃他们勇于面对生活的激情、增强他们共创伟业的信心，这才是新闻宣传事业、传媒工作者所应承担的义务。

④时代感。时代感孕育着有声语言的发展方向，显示出有声语言的当下趋势。无论是广播电视等传统媒体还是移动终端等新媒体都需要具备时代感。播讲主体的着装造型、神态身姿、表达特点都是时代感的集中体现。如今，"短平快"是新媒体平台创作的最大特点，因此播讲人的语言表达不得不跟上时代的发展，慢条斯理、僵直刻板的语言样态已经不能适应时代要求。

⑤分寸感。何为分寸感？老一辈的播音艺术家们极为重视有声语言创作的准确性，内容的主次、情感的浓淡、遣词造句、话语态势是驾驭创作的核心要素，正是我们所说的"分寸感"。

⑥亲切感。在信息传递的过程中，信息传播的接收效果与传播主体的表达方法有关，亲切感既不是一种规格也不是一种模式，往往低声细语、柔声软语是对亲切感的狭隘理解。亲切感营造的是一种构图氛围，让传播主体和受众双方产生融合共情的化学反应，互相理解尊重，彼此敞开心扉。

2. 创作境遇的应变性

（1）声像转化的创造性

播音主持创作主体要对稿件进行分析，通过联想、想象，表达稿件内容，针对现场发生的客观事实，进行即兴口语表达。所以，播音主持创作主体要把握社会脉搏、体察人生百态、流露真情实感、传播人文精神。

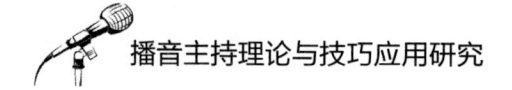

(2) 创作动态的适应性

①传播的时效性。播音主持创作主体应随时准备应对各种突发情况，因此需要播音员主持人具备以下两种基本能力：狭义备稿能力（广义备稿在创作表达方面所打的基础）、广义备稿能力（这是狭义备稿的前提，是把握全局、增强应变能力的基础）。

②内容的广泛性。播音主持创作主体需要具备驾驭全局，适应各种内容、形式、要求的能力。

③表达的日常性。播音主持创作的鲜明特点是创作的紧张性和连续性。因此播音主持创作主体要反应敏捷，要有毅力和耐力，要善于"从零开始"，要树立强烈的当下意识。

(三) 新闻性

从播音主持语音发声的属性、播音主持工作的创造性中可以认识到新闻性对播音主持的重要影响。播音员主持人归属于一定的媒体，媒体的新闻传播性质决定了播音主持的基本属性是新闻性。

强调新闻是对新闻事实的报道，一方面明确了新闻的公开传播性质；另一方面，新闻的公开传播性质，决定了播音主持创作主体对报道内容的选择判断和价值取向，决定了播音主持创作主体必须寻找传播内容与受众的利益共同点。不论播音主持创作主体是否自觉，主观倾向性总是寓于对客观事实的叙述之中。但主观倾向性不等于主观片面性。新闻播音强调播音主持创作主体的主观态度，目的就在于使其客观、公正地报道新闻事实。

二、播音主持艺术的特殊属性

了解播音主持艺术的基本属性，有利于明确播音员主持人的职业身份。为了更好地承担播音主持的岗位职责，完成创作任务，我们还应当了解播音主持艺术的特殊属性。

(一) 字正腔圆的蕴涵性

广播电视的有声语言传播，首先碰到的、不可回避的问题就是语音问题。作为传受双方相接触的第一印象，标准而又纯正的普通话语音是沟通的必要前提，也是传播主体对来自五湖四海的受众的尊重。

第一章 绪 论

语音在大众传播中，由一个个音节连缀，形成一段段语流，产生不同的意义，才起到传播、交流的作用。主持人良好的语音面貌直接影响着传播的效果，规范的语音表达才能带给受众美的享受。标准的普通话、清晰的口齿、优美的语音面貌、连续的气息等规范的表达习惯，都会影响传播内容的完整性。

播音主持的语音发声要求吐字如珠、声音圆润、清晰持久，即所谓"字正腔圆"。

（二）艺术性

播音主持的艺术性，并不仅仅指主持人标准规范的普通话语音，还有表达的气韵生动。做到语音规范的同时，创造性地利用好停连、重音、语气、节奏等播音主持语言外部表达技巧，准确地拿捏分寸、把握尺度，是表达效果是否具有感染力的关键。"声取其中""气取其深""情取其高"，刚柔相济、控纵自如、声情并茂，这是提升有声语言传播艺术表达境界的基础，是接受主体产生艺术回味的必要条件。

受众的"可接受性"是运用播音主持语言进行创作时所必须重视的问题。"话有三说，巧说为妙。"主持人在语言手段的选择上，要注意通俗性、平易性、生动性，体现亲切感，打造亲和力，让受众既愿意听，又听得懂。

播音主持语言是艺术的语言，而"修辞"正是艺术性地运用语言进行传播的一种行为。传播主体在播音主持时，适当运用一些修辞手法对语言进行美化，能够使语言表达更加流畅、自然、生动，能够让文本更形象、更鲜明、更感人，为受众带来更为优质的审美体验。

（三）播音主持艺术理论研究的独特性

1. 实践性

播音主持艺术理论紧密结合播音主持实践，在播音主持实践的基础上，对播音主持理论进行总结、概括、提升。播音主持学科将有声语言和副语言的创作作为基础理论研究的核心内容。无论是播音主持实践还是理论研究，最终反映和适应的是不断变化发展着的社会需要和社会实践。社会需要和社会实践是播音主持实践的前提，是播音主持创作的源泉，也是播音主持理论形成和深化的坚实基础。

2. 特殊性

播音主持学科主要研究有声语言，研究文本语言如何转化成有声语言。我们所研究的有声语言，不同于一般的日常口语，重点在于如何有效传播。有声语言

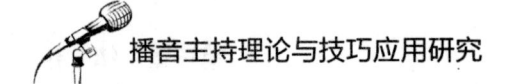

传播的范围较广，播音主持学科在人际传播基础上，重点研究大众传播。大众传播媒介很多，如纸质媒介和电子媒介等，播音主持学科重点研究电子媒介中的广播、电视的播音主持。广播播音主持主要研究有声语言，电视播音主持除了有声语言，还要研究包括发型、化妆、服饰，特别是眼神、表情、动作等在内的副语言。如今新兴媒体不断涌现，但各类节目仍需通过播音主持的有声语言和副语言创作来实现有效传播。

3. 深厚性

播音主持运用的创作手段只是有声语言和副语言，但有声语言和副语言所涉及的题材内容与范围非常之广，几乎可以覆盖社会的方方面面。因此可以说，播音主持学科与其他学科有着直接或间接的关系。其中，哲学、美学、心理学、文学、语言学及应用语言学、新闻传播学、艺术学等学科对播音主持理论研究来说，又是支撑学科。有了这些学科作为理论研究的基础，播音主持的学科特色更显得根基深厚，并不断焕发出新的生命力。

三、播音主持工作的地位

在现阶段的传播环境中，播音主持工作并没有从以往的主持形式中完全脱离出来，而是在以往的主持形式中逐步发展壮大。因此要求播音主持工作要遵循延展规律，不断丰富播音主持工作的开展形式。针对播音主持工作的延续性，我们应该注意从下面几个方面展开分析。

①保证播音主持工作的完整性。不管观众以哪种形式观看节目，都要保证节目的有效性和完整性，促使节目依照正常的播出流程顺利开展，保证外界因素不会影响正常的播音主持工作。

②有效处理信息。和传统的播音主持工作相比，现阶段，播音主持工作更加复杂，要想确保播音主持工作顺利开展，提升有效信息的传播速度，需要播音主持工作人员不断提升自身对于信息的敏感度和处理能力，为播音主持工作质量的提升提供保障。

③主持人的应变能力。现代化的传播环境，导致播音主持工作中遇到突发事件的概率逐渐增大，无形中提高了对于主持人应变能力的要求。因此，在现代化传播环境中，要求播音主持工作者不断提升自身素养、对于信息的感知和处理能力以及对突发事件的应变能力，保证播音主持质量。

第一章 绪 论

第四节 播音主持语言表达样式

一、播音主持语言表达

(一) 播音主持语言的语用原则

1. 合作原则

美国著名语言学家格赖斯首先提出了在人际交往中语言的运用应该体现出合作原则，而这种合作原则体现出了人与人之间在交谈过程中所体现出来的互动属性。如果在语言运用的过程中不具备合作原则，那么语言的运用将会失去其所拥有的价值与意义。人与人之间的对话是基于某一个话题而展开的，因此在目标属性上具有一致性，并且体现出了语言运用的合作属性。换言之，为了促使会话顺畅地开展，在人与人沟通的时候需要保证自己的语言和沟通的目的一致，并且方向一致。格赖斯在《逻辑与会话》当中清晰地提到人们在沟通交流的时候需要遵循合作原则，其可以细致地划分成四个范畴，并且各个范畴当中还涵盖了一条准则以及多个次准则。

①量的准则。所交谈的话语必须和交际需求信息相互适应，并且不能够超出交际需求的信息量。

②质的准则。涉及的言论必须是真实的，并且具有充足的证据。

③关系准则。提及的话语必须是紧密相关的。

④方式准则。在说话的过程当中，必须简单清晰，规避出现争议，并且要具备相应的条理性。

2. 礼貌原则

礼貌原则指的是在语言表述中展现出对他人尊重的一种语言表述属性。

1983 年，英国著名学者利奇在《语用学原则》当中清晰地指出了礼貌在语言交际过程当中发挥的功效，并且第一次指出了礼貌原则，礼貌原则与格赖斯的合作原则在交往过程中都是需要遵守的原则。

顾曰国在《礼貌、语用与文化》中构建了礼貌原则，并对此展开细致的划分，主要包含五个类别，与利奇指出的原则大致相同。利奇将礼貌原则划分成六大类，各类当中都囊括准则和次准则。

在播音主持的语言表达中，合作原则对应的其实就是播音主持的有声语言表达艺术，而礼貌原则更侧重于副语言的表达艺术，两者是一种相辅相成的关系。作为一名主持人，需要将有声语言和副语言紧密关联在一起，即把合作原则与礼貌原则结合起来运用到播音主持工作中去。两者结合，有助于有声语言精确地将相关资讯传输给受众，副语言能够借助感染效果吸引受众的注意。因此，合作原则与礼貌原则两者最终的目标是统一的，即增强对话的舒适性，保证节目能够顺利进行下去。

绝大部分情况下，如果合作原则和礼貌原则出现了矛盾，合作原则需要让位于礼貌原则。但是部分情形下，人们在合作原则方面的考量要优于对礼貌原则的考量，主要是由于在交往过程中彼此将信息的交流看成高于所有合作的活动。在这些活动过程中，人们首先关照的是信息，关注的是怎样在最短的时间内将相应的信息传输给对方，为了达到这一目的，参与者会尽可能地遵照合作原则，并且在礼貌方面的考量相对较少。但是对于主持人来说，在相关节目主持的过程中既要遵守合作原则又要遵守礼貌原则，因为缺乏合作原则的节目主持，即使再有礼貌，也难以凸显出节目自身所具有的属性和价值。缺乏礼貌原则，即使合作原则遵守得再好所创作出来的节目内容也容易被公众或者是节目中的采访对象所排斥。

整体来说，在会话当中合作原则和礼貌原则存在相互推让的情形，有时候为了遵循合作原则不得已放弃礼貌原则，有时间需要遵循礼貌原则放弃合作原则。这些表明，有时候直接的会话可能会显得相对唐突，给他人造成一定的伤害，所以在交谈过程当中，必须确保委婉能够被他人所认可。如果在会话过程当中既能够遵循合作原则，又能够遵循礼貌原则，两者兼顾是最好的。但是，如果不能够两者兼顾，人们会优先考虑礼貌原则，只有这样才能够确保打造一个适合沟通的和谐状态，促使彼此之间的对话能够顺畅运转。

（二）播音主持语言表达分类

1. 有声语言表达

一切有声语言的表达都建立在内心的思想情感基础之上，并且受思想感情所支配。俞虹曾说节目主持人的传播活动是富有人情味、情感味的大众传播活动，在传播过程中，不可避免地要以"情"为先导，与受众进行面对面的、直接的、平等的心灵沟通与交流。主持人在进行有声语言表达时一定要掌握好情感表达技巧，使表达具有充沛的情感，使作品在呈现给受众时生动有趣。播音主持有声语

第一章 绪 论

言表达是贯穿整个节目的，主持人的情感也贯穿在整个节目的创作过程中，情感是节目主持人创作的出发点。

播音主持口语表达的基本要求就是主持人能够将表达的内容说清楚，让受众听得懂。在节目中，主持人的主持稿更多是以"说"的表达方式传播给受众的，既然是"说"，那么就得口语化，口语化的主要目的就是和生活用语相贴近，更好地让受众理解。

2. 副语言表达

播音主持的副语言主要包括主持人的发型、表情、衣着、眼神、妆容、动作、姿势等，换句话说，主持人运用的语言之外的全部表现形式都为副语言。使用不同的副语言，可以将更多不同的信息传递给受众，加强副语言的学习可以提高主持人的素养，同时，还能够不断提升审美水平，促使观众热衷于观看电视专题节目，电视节目的质量以及收视率也会不断提升。此外，在信息传播过程中，如果主持人能够合理地借助副语言向公众传递自己的情感，也能够促使公众认识到播音主持文本内容背后的寓意，引导受众正确看待事物、客观评价事物，因此，副语言在播音主持中起着重要作用。

（1）体态与表情副语言

在副语言表达中，采用最多的也就是无声副语言，无声副语言指的就是体态语言，通过主持人的动作、表情、手势等辅助有声语言表达，使得传递的信息更加明确，表达的效果更好。作为声画并茂的广播电视节目，主持人进行传播时适当地运用副语言表达中的体态语言能有效地辅助有声语言传达信息。体态语有时候也可以离开有声语言，即主持人通过表情、手势、姿态来传递信息，与受众交流情感，达到此时无声胜有声的效果。

自然是所有主持人不断追求的一种境界，自然灵活的体态与表情更有利于播音主持语言的传播，并且恰如其分的体态与表情也是礼貌待人的一部分。当然，不同的节目对主持人的体态与表情要求也是不一样的，比如《新闻联播》《焦点访谈》《新闻30分》的主持人在体态和表情上的变化幅度不大，除了必要的嘴角上扬没有多余的动作；又比如《等着我》这一节目，主持人需要在体态和表情上有一些变化，随着节目的推进，这些变化也是必然的，比如给予受帮助者拥抱，这些对于节目来说都是必要的。无论电视节目的性质如何，主持人在借助有声语言传输信息的过程当中，必须保证信息的真实性。因此，主持人的语言比较严肃细致，不会将自己的情感融入语言中，这会使节目显得枯燥乏味，让观众失去兴趣，这种情况在纪实性的电视节目中更有可能出现。鉴于此，作为主持人应运用

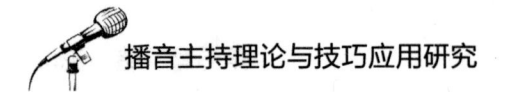

表情、举止、肢体动作等副语言来协助播出信息，表达自己的真情实感，让观众体会到播音主持文本丰富的内容，使观众产生共鸣。

（2）服饰与妆容副语言

现如今新媒体不断发展壮大，大众获取信息不再只借助电视，受众在观看电视的时候，不仅希望从中获取信息，更希望拓宽自己的眼界。因此主持人的副语言十分关键，会影响节目的收视率，例如服装。有关服装在人类传播当中发挥的功效，埃德蒙·利奇在《文化与交流》中清晰地提到，服饰行为实际上是为了传输意义相对复杂的资讯，所以服饰必须是容易辨别的。但是如果某一特定的服饰最后习惯性地和某种特定仪式相互关联，那么服饰的各个特点都可以看成某一仪式的代表。因此主持人在选取服饰的时候必须遵循 TOP 原则，严格按照时间、场合、地点来选择。使用不同的副语言，可以将更多不同的信息传递给受众，观众在看电视节目时，主持人的衣着与妆容总会第一时间投射在脑海里，直接影响其对整个节目的判断。这种最先感知到的印象其实就在提醒主持人在镜头前面的服饰与妆容一定要契合所主持的节目，不能让服饰、妆容与语言的表达有太大的出入。一旦这种服饰、妆容与语言描述的差别感形成，就将在心理距离上把受众推向对面，不利于纪实信息的有效传播。

二、播音主持语言表达方式

（一）宣读式

宣读式是语言样式中规范性要求最严的一种。宣读的稿件不允许做口语化的处理，必须一字不差地照原样播出，郑重宣告是它的基本特色。

宣读式的特点是严肃、庄重，既有新闻的新鲜感又有严肃感和持重感。语流速度相对平缓，字正腔圆，语句停连规整，气息控制匀畅沉稳，声音坚实、洪亮。

（二）播报式

播报式的特点是朴实大方、语句工整、清晰流畅、声音明快、节奏适中，多用于广播电视消息类新闻稿件。采用这种表达样式时，气息控制能力和口腔控制能力十分重要。气息的快进快呼呈现得十分均匀，在语流行进过程中字音在口腔的快速形成，需要长期的训练。我们可以从播报几百人名单的一气呵成中，感受到播报式的语言功力。在新闻节目中声画结合是较为普遍的一种播报方式，如播放画面时的配音、记者出镜时的讲解，都是声画结合的一种方式。但这里主要说的是主持人在屏幕前，一边进行播报一边为大家展示画面的声画结合方式。这种方式类似于"天气预报"前期的主持人指示性播报，可以更好地实现节目与观众的"画面式"交流。

（三）播讲式

播讲式的特点是情感丰富、错落有致、起伏跌宕、刚柔得体，多用于通讯尤其是人物通讯。通讯不仅具有新闻性，而且具有形象性、生动性和多样性等特点。播讲式要求播讲者具有丰富的想象力和情感的调控力，具有强烈的表现欲和对象感。

播讲式是新闻报道中最基础、最重要的交流方式，以"第三方"的客观视角，将新闻内容进行讲述，逻辑清晰、条理明确，将新闻事件的脉络娓娓道来，以主持人的"播说"和画面的有机结合，将整个事件的核心内容向观众传递。新闻节目中主持人通过对新闻背景、意义进行客观讲述，为新闻内容铺垫了"底色"，将新闻内容娓娓道来的同时，揭示新闻深层次的内容，以此来不断推动新闻节目的"向下讲述"，使得新闻内容更加丰满、更加立体。如董倩主持的《新闻调查》中，讲述式"播说"是应用最多的主持人语言，这是因为《新闻调查》要开展调查，所以要对"基本情况"展开介绍，并带动群众去知悉内容。而董倩"播说"新闻时，则是抓住新闻的关键内容进行平铺直叙式播报，在平淡、平稳的主持语言下，全面客观地讲述新闻事件。

（四）评论式

评论式是播音员主持人以稿件为依托做现场评论，具有较强的新闻性、政策性、指导性、针对性。评论式的特点是观点鲜明、逻辑严谨、层次清晰、语势平稳、分寸恰当。播音员主持人要根据所评论问题的性质，把握好政策分寸和感情分寸。例如新闻播评是新闻节目的核心内容，播评质量的高低直接决定着这档新闻节目的质量水平。新闻播评要求用最精炼的话语，将新闻的来龙去脉、主要内容、核心主题清晰地表达出来，同时，在"评"的过程中，既要体现专业性，不说外行话（评论的专业性、准确性将直接影响新闻的权威）；更要体现亲民性，让观众听得懂，要充分考虑到广大受众的接受水平。如《焦点访谈》主持人侯丰，他在主持节目时，对每个焦点新闻都进行深入的播评，在讲述事情前因后果时，以平缓的语气客观阐述，在评价事件造成的影响时，则会用专业的评价，配合主持人语气语调的变化，让观众真切感受到影响的深远、问题的严重。侯丰的播评特点就是于"平淡"中见"真知"，让人易于接受并信服。

新闻节目主持人是新闻节目节奏的掌控者，主持人在主持节目时要结合自身掌握的信息内容和知识点，跳出新闻看新闻，给予新闻信息准确、合理的点评；既能够有效提升新闻主题内容，使主题得到放大和深化，又能够获得群众的支持，提升新闻质量，打造新闻品牌。而主持人要想实现这种水平的点评，就应具备较高的职业素养、文化修养。如著名主持人白岩松，则是"点评"式主持的代表人物，他深厚的知识积累、广泛的视野、独到的见解，使得他的新闻具有很强的"杀伤力"，而这种"杀伤力"的来源就是他跳跃式的"点评"。在《新闻1+1》节目中，白岩松的"评论"是整个节目的核心环节之一，他对于某个事件的评论不单单局限于事件本身，而是会联系到该事件所关联的其他因素，思维和评论的跳脱，并没有完全脱离新闻本身，而是拓宽了新闻范围，升华了"一则新闻"的主题。在疫情期间的《新闻1+1》中，很多农民工反映，因为疫情的原因，他们不能出门打工挣钱，生活质量得不到保障。因此，白岩松为农民工发声："农民工朋友们现在心里都跟长草一样在关心一个问题，我什么时候能离开家去打工啊？我什么时候能动啊？"节目中白岩松面对着人社部的领导，站在百姓角度，用口语化、平民化的修辞，询问重新离家务工的时间，言辞中的恳切与真实，使得受众对他产生了信任感。这种口语化的表达方式使得他在评论新闻的过程中既有评述客观事实的内容，又收获了老百姓的信任。

（五）播说式

播说式是广播电视节目，特别是新闻类和谈话类节目中运用最广泛的一种语言形式。一般说，新闻节目播的成分多一些，其他节目说的成分多一些。播说式的重要特点是语言流畅、快捷。播说式语言形式的运用，与节目内容有关，也与播音员主持人的性格、语言风格有关。

（六）交谈式

主持人和受众在交谈中沟通思想、传递信息，建立起平等的关系。交谈式不是简单地在播读稿件中加入"啊、的、了、嘛"等助词，它需要在阅读分析、理解记忆原新闻稿件并明了事实之后重新编排内容、组织有声语言，往往播音主持创作主体手中只有提纲。交谈式的特点是语言灵活、交流感强。

（七）自述式

自述式是指播讲者以第一人称转述作品中"我"的故事，表达"我"的情感。自述式不仅适用于散文特写、电视文学等作品，也适用于广播电视新闻性专题节目。自述式的特点是语言质朴、语调平和。运用自述式，要以"我"的情感确定基调，并使"我"的情感贯穿全篇，充分展现"我"的内心世界。

（八）评话式

评话式是采用播讲并借鉴评书语言形式的一种新型有声语体。由于这种语言形式常用于通讯播音中，有人称它为评话通讯。评话式的特点是语言错落有致、起伏跌宕、刚柔得体、形象生动，具有固定程式。语言虽有一定的渲染成分，但不失真。

（九）解说式

解说是指解释和说明。解说式常用于文艺广播剧解说、电视剧旁白配音、电视专题片解说、体育节目解说等，起到解释、说明、补充、丰富、推进播音主持文本的作用。解说要和音响、画面有机配合；不能喧宾夺主，始终把握解释、说明的基本要求。

（十）朗读式

在广播电视节目中，常常播出一些诗歌和散文作品，中央电视台组织的新年新诗会，多由电视台节目主持人朗诵诗歌作品。朗读式的基本要求是抒发情感、体现诗意、悠扬舒展，以求达到音美、情美和意境美的语言艺术效果。

（十一）演播式

这里所说的演播，是"演"和"播"的结合。播音主持的现场主持也具有演播的特点，都是演播式语言运用的范畴。演播式要求适当改变音色，以适应表现人物和拟人化的要求。演播式主要采用音高、音强、音长、音色、音速的巧妙变化，对声音进行修饰。

第二章 播音主持创作的构成

播音主持创作主体、文本主体和接受主体是播音主持的三个构成要素，创作主体即播音主持的创作者，文本主体是播音主持创作的依据，接受主体也就是播音主持创作的受众，这三个构成要素是缺一不可的。本章分为播音主持创作主体、播音主持文本主体、播音主持接受主体三个部分。

第一节 播音主持创作主体

一、播音主持创作主体的角色定位

"角色"在其理论中，主要是指整个社会关系中某一个人所处的地位，而且这种地位符合社会期待。很显然，"角色"这一概念，主要是指某一个体在不同社会关系中，所表现出的社会地位、社会行为以及社会对个体的期待三者之和。而某个体在特定的社会环境、社会关系中拥有着的相对不可替代的定位就是角色定位。

播音员主持人是播音主持创作中的主体。由于大众传播的特殊性质，我国将党和政府的喉舌角色赋予了播音主持。这就意味着，传播主体被赋予了某种说话的权利，有了可以施展个人才华、表达个人观点的机会。但是，这绝不意味着主持人可以随心所欲地乱说话、说胡话，主持人在进行创作时，必须把准正确的创作立场，紧随时代脉搏，充分发挥主观能动性，争做"中华民族有声语言表达的典范"。

播音员主持人是党的宣传员和新闻工作者，同时又有具体节目、栏目的身份定位，是两者的有机统一。例如新闻播音员作为党、政府和人民的"喉舌"，既要宣传党的路线、方针、政策，又要报道国内外发生的有关国计民生的最新事件；节目主持人一方面以个人形象出现，一方面又是节目、栏目、频道等的代表。

播音员主持人不仅要遵守新闻的真实性、时效性原则以及新闻工作规律，还要遵循语言表达规律。

二、播音主持创作主体的创作活动

（一）备稿活动

①划分层次。将相同相近的自然段归并，在大自然段中分出小层次。
②提炼主题。将内容的共性和个性统一起来，抓住稿件特点，揭示事物本质。
③联系背景。分析好上情与下情，辨明主流和支流的关系。
④明确目的。确定播出内容所针对的现实问题。
⑤分清主次。注意区分内容的主次关系、铺垫和高潮的关系，突出重点。
⑥把握基调。把握好表达的基本精神，处理好主旋律与变奏曲的关系，做到统一中有变化。

（二）树立受众意识

①受众是播音主持创作主体的传播对象和服务对象；具备对象感是播音主持创作的技巧之一，是指主持人在面对镜头时要感觉到受众的存在，努力调动自身的表达欲望与思想感情并使之处于运动状态，恰如其分地做到"面前无人"但"心中有人"的交流状态。播音主持专业中的对象感与交流感技巧对如今的短视频创作有借鉴意义，在小屏传播下，受众与创作者之间的距离无形中被拉近，如何避免生硬地讲、达到亲切地说，对象感是其关键所在。在小屏传播时代，把握"一对一的对象感"则显得更为合适。好的创作，一定是以受众为出发点而展开的，受众喜欢什么内容、需要什么内容，是创作过程中不可避开的话题。
②受众的广泛性和非被动性将影响播音主持创作主体的创作。
③受众的心理需求有具体指向，又随节目形式、内容的变化而变化。卡茨在其"使用与满足"理论中曾提及，受众基于个人的需求和愿望使用媒介，从而获得特定的满足。例如通过短视频搭建的平台，受众可以在观看视频的同时通过弹幕、点赞、评论、私信等方式实现自由平等的互动，打破了现实生活中身份、阶级等壁垒，进入"理想化的乌托邦"世界。而在此过程中归属感是一种普遍存在

的动机，受众选择持续观看某一类内容，是因为其内容让受众获得了满足感与依赖感，而只有回归受众视角对其进行情感解读，才能创作出真正被受众喜爱的作品。"说什么"实际上是一种对信息的选择，在繁杂纷乱的信息流中，创作者要选择何种信息去表达，这就需要思考受众的需要和喜好。表达不是单向的灌输，而是要说到受众心坎里。那如何让表达更具信服力、快速完成信息共享，创作者需要一个合适的"身份"，而角色化的表达可以降低沟通成本、达到上述目的。角色化表达是指短视频创作者根据自身特点，塑造有辨识度的"人设"形象，依托剧情化的内容生产、故事化的情节走向，以特点鲜明的语言风格进行表达。在播音主持创作中，创作主体可以借助"人设"形象，吸引特定的受众群体，使表达具有可信性、独特性、鲜明性。在追求传播时效的今天，角色化的表达可以辅助创作者与受众之间建立相互信赖的对话关系，从而降低沟通成本、减少时间损耗、提高沟通效率，快速完成信息的共享。此外角色化的表达首先需要分清主次。角色化只是表达手段，信息传递才是表达的核心，许多创作者为了实现信息共享，一味只追求自身个性化、风格化的表达，忽略了受众的实际需求，表达如无根之木、无源之水。其次要把握分寸，"人设"的设立要符合主流审美、健康积极向上。

④受众对节目的反馈既有浅层、显性的，也有深层、隐性的。在如今的创作中，依托于技术的快速发展和便捷使用，播音主持创作的画面越发具有美感，而有声语言表达中的美则不尽如人意。美是艺术的目的与推动力，这提示我们，在创作中有声语言的表达要追求美、实现美，不能止步于信息共享，更要追求愉悦共鸣。张颂先生认为，愉悦是一种美感，体现在两个方面。在创作方面，创作者秉持真与善的原则，营造出引人入胜的画面与境界；在接收方面，受众能在正确的道德追求里，生发出赏心悦目的性情与向往。而互动化的表达，注重受众的情感体验，注重以人为本、高度共情的传播，有助于使传受双方的愉悦感达到和谐、产生共鸣。在创作过程中，创作者也应避免向"共鸣共情"过分倾斜，避免内容过分迎合受众喜好，取向媚俗；避免形式过分标新立异，流于表面。一般来说，受众的欣赏水平是由创作者推动提升的。在表达过程中，创作者要实现准确清晰、圆润动听的音色美；内容鲜活、凝练优雅的意蕴美；表达真诚、恰切得体的分寸美；掷地有声、刚柔并济的韵律美；并不断提升自身审美意识与审美追求，由己及人，使受众能更好地心领神会。如今，播音主持创作从表达内容上看，信息量成几何式递增，内容取向日益泛娱乐化；从表达主体上看，草根意见领袖话语权上升，但内容真实性有待考证；从表达动机上看，创作者往往缺乏诚

意与真情实感；从表达效果来讲，受众普遍未具备高水准的表达素质。这都提醒着我们要秉持对话的原则，展开高质量的互动对话。在与受众互动时，理性对话与感性对话应同步进行。理性对话要求创作者应时刻保持理性认知；表达应有理有据，不人云亦云；不传播虚假内容、不渲染夸大情绪，坚持陈述客观事实。对于受众而言，应具备包容心、尊重不同价值观的表达，不被情绪所裹挟。感性对话要求创作者要怀有同理心，设身处地为受众着想，在表达时应态度诚恳、语言准确；与受众培养感情，建立信任感。事实上感性、真诚的表达更有利于信息的传播，实现共情。

⑤受众的认知共识。信息共享解决了"说什么"这个问题之后，若故步自封，创作者则容易陷入"自我陶醉"的漩涡中，所以思索"为什么说"和"怎么说"与受众达成认知共识，是表达的深层追求。"为什么说"不是对具体语言内容的简单诠释，而是指宏观认知上的理性重合，即传者的理念与受者的理念的融通。这里的宏观认知是指创作者与受众应该就人生观、价值观等理性问题达成基本相同的认知，这样传者才可达到目的，受者的期待也会得到满足。"怎么说"实质上表明了有声语言表达的多样性，这要求创作者不能停留在"照本宣科"的阶段，要深入思考语言表达规律，这对创作者提出了更高的要求。分众化表达是指短视频播音主持创作者根据受众年龄、性别、喜好等将其细分为不同群体，有针对性地进行表达，精准达成认知共识。分众化表达有助于创作者发挥主观能动性，使表达因人而异、富有变化，更好地实现"入于耳、及于脑、达于心"。分众化表达强调精准，创作者要力求深入浅出地展现内容的深度广度、将人文精神与中华优秀传统文化融会贯通，避免走向晦涩难懂或浅白啰唆的两极化。

（三）运用有声语言表达规律

①播音主持创作语言遵从语篇结构规律。语篇是语言交际的产物，一个语篇总要表达一定的主题，传达一定的思想。对于主持人来说，在表达方式上，把握话题的准确性，这也是构建语篇连贯意义的一个重要因素。而叙事模式就是篇章结构中一个关键性的结构模式。主持人在节目中，通过话题的导入引出，就能引导读者构建语篇的全景画面。

②其他有声语言表达规律有思维反应律、词语感受律、对比推进律、情声和谐律、呼吸自如律、自我调检律等。

三、播音主持创作主体的审美体验与审美情感

要想使播音主持的有声语言表达具有美感,创作主体要调动审美体验,形成审美意识。审美体验的调动和审美意识的建立是形成语言审美感觉、审美意象的重要的基础和前提,也是营造境由心生的主体审美空间的基础;审美意识的形成来源于对宇宙世间万物的感知,宇宙万物的本源即为"道",审美意识的建立源于对"道"的感知。从哲学角度来看,道包含了"象",体现出"道"才能激发审美意识,成为审美对象。要将文字稿件内化于主体的审美情感,文字稿件也是"象"的体现,从内在感知建立美,内化美。

(一)播音主持创作主体审美意识的建立与审美体验的调动

播音主持创作是一种审美体验活动,也是一度或二度创作活动,需要创作主体调动自身以往的审美体验和建立审美意识。对于审美意识的建立,也是从审美主体角度来表述播音主持创作审美活动,贯穿创作全过程的感知状态。审美意识作为一种感知觉和审美感受,也是播音主持创作的逻辑起点,其根源在于感觉、感受力。创作主体的感知力、表现力、创造力都与积极主动的审美意识关系密切。"审美意识隶属于审美主体的范畴,它直接决定着艺术语言的变异形式及表达效果,它是艺术语言的精神依托。"叶朗先生认为,中国古典美学中"感兴"的概念可以作为"审美"的同义词,能够较为准确地表现"审美意识"的内涵。

出现在魏晋南北朝的"感兴"又称"感物兴情"或"感物起兴"。"感兴是在空间中发生的,是外在世界对主体的感动和主体对世界的回应。"这里的外在世界指的就是万物的"道",是主体对"道"的感知。"感"有两层基本含义:"所谓'格也,触也',是对外物的感知;所谓'感者,动人心也',是心有所动。'感'与'撼'通。'感'是一种不必以理解为中介的由形、色、声、温、力而引发的直接的感动,由'感'而'兴',由'感'而形成'象'。"在《诗经》的"赋、比、兴"中指的是"托物起兴",是一种修辞手法;在孔子的"兴、观、群、怨"中,"兴"虽然是指诗的功能,但是这种感诗起情与托物起兴同为有感。而刘勰在《文心雕龙》中也阐发了感兴论:"人禀七情,应物斯感,感物吟志,莫非自然。"说明了审美意识对情的起兴和感物的结果。而作为美学范畴的"兴",指心与物偶然相遭、适然相合时的心理感受和心理状态。这种心理感受就是审美意

识勃发的状态,"兴"可以被称为美的受孕。"感"和"兴"这两个字组成"感兴"的美学概念,是对审美空间活动很好的描述。

审美意识的产生是人与宇宙万物的交融,在"道"中产生与交融,即哲学所说的"天人合一"。为什么要在播音主持创作前建立审美意识呢?首先,审美是一种体验,中国哲学讲究生命的体验,播音主持创作亦是如此。其次,要有审美的眼光、审美的态度才能发现美。朱光潜先生在《谈美》第一讲中说的"我们对于一棵古松的三种态度",谈的就是西方美学史上所说的"审美态度"。在播音主持创作前首先要有审美态度,审美态度生发审美意识,才能有审美的眼光。

审美意识的建立决定了播音主持创作的内容表达和形式呈现的效果。因此,没有审美意识,就无法感受美、传达美。这种审美意识是播音主持创作中"感之于外,受之于心"的感受所生发到的美学层面,也是由心理感受阶段到生理实践阶段的过程。首先,播音主持创作是一项创造性极强的思维活动,审美意识不仅将创作主体心中美的体验用有声语言转化为声音之美,也可以从中更准确地认识作品的内涵,影响创作的质量。其次,播音主持创作是一种创造美的审美体验,整个创作过程依靠的是创作主体通过审美体验获得的感性认识和理性认识。因此,审美意识是播音主持创作前重要的审美体验调动,也是"感之于外,受之于心"的重要桥梁。在播音主持创作实践中,审美意识可以从播音技巧上帮助创作主体寻找美的声音、"美"的状态,如字音、语调、气息、音色等,以情带声向美的方向提升。这种审美意识,是一种独特的审美感受,也是播音感受的最高层次和形式,其前提是创作主体的审美体验。

播音主持创作的美学层面也讲究"意境""传神""韵味"等的延伸,可以说,丰富的感情色彩是播音主持创作产生美感的内在动力,而审美意识的综合体现是播音主持创作产生审美想象空间的外在张力,也是创作主体对审美体验的整合。在进入播音主持创作审美空间营造前,就应该把"审美意识"作为美的追求,形成"兴象"。而进入播音主持创作表达阶段,呈现播音主持创作审美空间时,更要以"美"为呈现标准,综合运用一系列内外部技巧形成美、创造美,最终让受众接受美、享受美。

(二)播音主持创作主体审美情感的生成

审美体验的调动、审美意识的建立为创作主体审美情感的生成起到了铺路架桥的作用,也是使审美空间"活"起来的重要依据。在审美空间的营造阶段,审

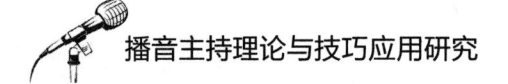

美情感的酝酿十分重要，而在呈现审美空间时，情感由声音表现，即"感于物而动，故形于声"。

所谓情感就是人们自身对于客观事物的态度的体验。这种体验与审美体验密不可分，不同的审美体验会引发产生如喜、怒、哀、乐、憎等不同的审美情感。由此可知，不同的空间触发的情绪也不尽相同。所以，"审美意识"的建立和"审美体验"的调动是生成"审美情感"的前提，也是构建审美空间的重要因素。

中国古代有"音从心出，声形于外"的说法，意思是声音的外在表现源于内心的真情。"心"是真情实感的意思。"审美意识""审美体验"是播音主持创作的基础，"审美情感"是播音主持创作的根源和主导。在播音主持创作中，创作主体要使自己的思想情感始终处于积极的运动状态之中。创作主体的情感贯穿于审美空间中，使空间建构具有一定的美感。情感是如何生成的呢？首先，创作主体要借助之前的审美意识和审美体验，这种体验分为直接体验和间接体验。其次，就是要蓄情，积蓄情感。情感的积蓄是一个由弱到强，由单一到复杂的过程。"吟咏"是古代诗歌创作和欣赏的方法在播音主持创作中，吟咏就是将情感通过声音予以表达，言为心声是指言语是人们思想情感的反映，而在创作主体出声表达前最重要的环节就是情感的生成，也是创作的根源。主体的审美情感在创作时具有重要的地位，技巧要融入情感，最终为情感服务。不真实的情感，会让听众有虚情假意、造作之感。情感的色彩和分量对播音的态度倾向和稿件总基调有决定性的作用。播音主持创作的审美空间不是虚空的，是创作主体介入的空间，更是需要创作主体投入情感后和审美对象之间展开互动的审美空间。因此，创作主体审美体验的挖掘、审美意识的建立、审美情感的生成对情景再现、内在语、对象感的挖掘至关重要，它决定了对文稿内容本身的审美评价，更与停连、重音、语气、节奏和播音主持创作的规律环环相扣，最终建构起播音主持创作的审美空间。

第二节 播音主持文本主体

一、文本主体的含义

文本是创作依据即创作素材。文本主体是指形成播音主持创作依据或创作素材的精神实体。

二、文本主体的构成

（一）节目

①有明确的节目宗旨和节目方针。对于播音主持节目来说，节目的宗旨与性质是一档节目的根本，能明确体现节目的风格。因此，我们要明确节目的内容定位与主题结构。一档优秀的节目，势必要有一个精准的主题定位。例如在人文类节目中，主题一般就表现为对人类的心理和情感的探讨。《非遗中国》是由宁夏卫视推出的一档文化类专题节目。它由央视精英制作团队打造，旨在发掘民族技艺、保护精神遗产、传承文化根脉。节目将传承"非遗"作为主题思想，旨在挖掘"非遗"背后的精神价值，用历史故事牵线搭桥，以广阔的视野和简洁明了的描述方式，向观众彰显出一派薪火相传的万千景象。

②一定的节目内容和形式。梵·迪克认为不是所有的话语都有固定的、约定俗成的图式结构。这里的图式结构是指话语的总体结构形式特征，重在形式。在节目中，节目内容决定着节目要用什么形式展现，而节目形式也反过来给节目内容起到了锦上添花的作用。因此，在节目中，形式对于内容起着关键的作用，有时候观众对于内容的印象源于形式的衬托。文化类专题节目《朗读者》就是以"大舞台演播室＋小客厅棚内嘉宾访谈"的形式让观众近距离地感受嘉宾的故事，这丰富了节目的表现手法，用夹叙夹议的方式起到了突出节目核心思想的作用。

（二）稿件

①有一定的体裁形式。如新闻类，包括消息、通讯、评论、专题报道、专访等；文艺类，包括小说、诗歌、散文等。

②有一定的层次结构。有完整的文字稿，有提纲，有整点新闻，有综合板块，等等。

③有相应的表达方式和语言样态。要熟悉文本结构，理解精神实质，选择表达方式。内部语言（腹稿）也要按照语言传播的规律组织，传达其精神实质。

（三）话题

①有一定的题目。例如，关于全球变暖可能造成的影响，可以由"对动植物的影响""对农业的影响""对人类健康的影响"等几个题目构成一个接一个的话题，作为节目编排的线索，启发人们思考。

②有围绕中心或主题的线索。例如健康话题，什么是健康、怎样保持健康、什么有损健康等，不论从青少年的角度，还是从中老年人的角度，总之，所有的谈话都离不开"健康"这条线索。

③有创设话题的立意。话题立意有高雅、粗俗之分，有些话题结构不错，表达也感人，但立意不高，给人留下的思索空间就会显得比较窄小。做一档节目如果既考虑主题立意，又注意角度的选择、重点的把握，那就可以避免出现为讲故事而讲故事的"流水账"现象。

对于专题节目而言，主持语言是话题的具体选择。在节目中，主持人要明白选择什么样的话题才能使节目按照流程走，以及怎么说这个话题才能与观众进行直接有效的沟通。因而，话题的把控比话题的选择更关乎节目的成败。因为在专题节目中，想通过几个访谈问题将节目推向高潮，让不同的思想进行交锋，就要把握好话题的走向。首先，主持人应提炼主题，把握话题的高度和精准度，时刻明白节目的主旨思想，然后再进行有目的性的提问。其次，应找准切入点，找到嘉宾情感的爆发点，从爆发点入手，迅速插入主题，这就有利于把控话题的走向。最后，要学会承上启下，在不同的故事层面中，访谈语言也要适时地引导嘉宾进行下一节目环节，避免话题冗长。

（四）图像

广义的图像是指诉诸受众视觉器官的视频信号，狭义的图像是指电视摄像拍下来的一个个镜头画面。

应当特别重视图像的两个基本特征：运动性，既指被摄体的运动，如人物、动物等，也指摄像机的运动，如推、拉、摇、移、跟、升、降等；连续性，主要指图像与图像的组合有连贯性、韵律感，能够产生图像语言，有表意性。图像的种类如下。

①远景图像。可表示宽广博大之意（一般远离被摄体观察点来拍摄）。

②全景图像。可宣泄情绪、制造气氛（一般呈现成年人全身或场景的全貌）。

③中景图像。可突出人物动作、感情关系（一般呈现成年人膝盖以上部分或场景的局部）。

④近景图像。可描绘人物心理活动和细节（一般呈现成年人胸部以上部分或物体的局部）。

⑤特写图像。着重强调人体的某一部分（如眼睛、拳头、手、脚等）。

"画面组接"的表意作用有如下几个方面：直接切换，可起"逗号"的作用；

淡入淡出，可表"另起一段"的意思；放慢转换，可起"分号"的作用，如表抒情、表同时等；重合叠加，往往产生"回忆、幻想"的效果。

影像画面和书面文字不同。央视编导、资深策划冷冶夫认为，只有把画面当作第一语言，才能真正发挥播音主持的传播功能。作品和产品不同，作品更强调创作意图。如历史纪录片就应该被当成作品看待。

作品细节最能说明问题，也最能体现人物个性。摄像的创作意图通过镜头画面的表意功能得以展现。所谓中性、开放性，实际上是由作者思想视野的历史客观性所决定的。这是摄像编导基于现实，同时又和现实保持一定的距离，站在人类历史发展的特定高度对题材内容和镜头画面做出的取舍。

作为播音主持创作主体，当我们懂得电视图像的优点是生动形象；缺点是感性多、理性少，形象易、抽象难，拍实易、摄虚难之后，一旦需要结合画面进行有声语言和副语言创作，就得注意扬长避短。播音主持创作主体要考虑如何让接受主体更好地领会画面中所展示的一切。

（五）音乐

播音主持创作的文本中音乐元素总是不可或缺的。将音乐归属于文本及文本主体，有利于有声语言和副语言创作的提高。音乐是指由有组织的乐音所形成的艺术形象。音乐能表达思想情感、反映社会生活，有强烈的感染力和较强的社会性。而节目音乐能借助音乐表述节目内容、深化主题思想、烘托环境气氛、抒发人物感情、推动情节发展。播音主持节目中值得关注的广播电视音乐有以下几个特点。

①标志性。这些标志性音乐一般都较短，一旦固定、长期播放，往往能让受众听到音乐就想起节目，引发受众对节目的视听欲望。节目的标志性音乐起着营造节目环境气氛的作用。

②描述性。如笛子曲《苗岭的早晨》响起，就能把受众带入苗家古老山寨的情境中。音乐从舒缓到热烈，让受众不难想象：白茫茫的晨雾散开了，毛茸茸的鸟儿叽叽喳喳亮开了歌喉，森林醒、炊烟升、牧童放牧，苗寨开始沸腾了……这样的音乐配合节目的描述，能增强节目的吸引力。

③导向性。音乐打开人们的心灵之门后，主持人的引导时机就出现了，很容易让嘉宾讲述自己的人生故事，也容易让受众进入情境之中。这就是音乐营造节目氛围的导向性。

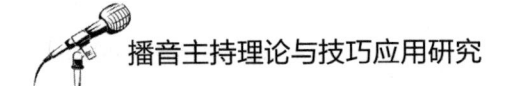

④间隔性。在节目中,音乐的间隔作用既表现在节目与节目之间的区分上,也表现在节目内部不同栏目之间的区分上。如新华社网络节目《国际新闻》中所用的片头曲,就鲜明地显示了自己和其他节目的差异性,而节目内部又用间隔音乐来显示不同类别的内容。音乐的间隔功能有助于主持人针对不同节目与内容,在出镜、出声表达时,表现出不同的神情和语气。

姚喜双对节目音乐结构的三个特征及融合方式进行了描述:首先是服从节目要求、体现节目意图的目的性;其次是通过不同音乐的交替、重叠或混合,让音乐与画面结合,产生音画同构、音画平行或音画反构等不同效果的融合性;最后是由节目主题决定、受内容和形式制约而发生的变化性。

播音主持创作需要利用好音乐,协调好素材,使语言和音乐达到有机统一,以增强整体感染力为创作目的,才能发挥好音乐的烘托作用。而实践中出现问题最容易出现的问题是有声语言和音乐不和谐,呈现"两张皮"的现象:或有声语言喧宾夺主,或音乐音量过大盖过了有声语言,这两种情况都会使受众无法听清节目内容。

(六)音响

音响是指除音乐和播音主持创作主体语言之外的其他人物语言、自然界和社会生活中的音响,包括现场实况音响、后期制作音响等。

掌握画面、音乐、音响等这些看来似乎跟有声语言表达关系不大的文本及其主体所起的真正作用,对开阔播音主持创作主体的视野,恰如其分地处理内容和语言表达技巧的关系是十分必要的。

(七)直播现场语境

直播现场语境是指直播现场(包括与异地连线的直播现场)提供的景物、人物、周围环境气氛及其可能发生变化的情况。播音主持创作主体在直播现场语境下可能接受的任务,有现场节目串联、现场环境描述、现场人物对话等。除了有稿播音外,还有大量需要脱稿乃至由播音主持创作主体即兴发挥的情况发生。

现场直播除了需要一定的技术支持和准备外,作为播音主持创作主体,在进入直播状态前还必须考虑以下因素。

①有直播主题。
②有背景介绍。
③有现场突发(如天气、到场嘉宾和出席人数发生变化等)情况应变策略。

④有一定的对话目的及应变设想。

对直播现场的主持人来说，以上各点仅仅在概念上明确还远远不够。越早准备，越主动，这既是经验之谈，也是节目直播成功的保证。

三、文本主体的特征

①可感性。播音主持创作主体调动自己的感觉器官，透过文本和文本主体，总能听到、看到、感觉到些什么，他必须设法让接受主体通过自己的表达，也能听到、看到、感觉到。

②可变性。播音主持创作主体对文本有了自己的理解感受，在尊重文本主体创作意图的基础上将文本主体介绍给接受主体时，就会产生新的认识。特别是在播出背景发生变化之后，播音主持创作主体在与文本主体的心灵碰撞中还可能擦出新的火花。

③可控性。既然文本主体的可控性已经成为播音主持创作主体的一个创作要素，我们不妨把可控性也看成文本主体自身的一个特征。文本主体的创作往往有一定的时代局限性。播音主持创作主体的创作则往往立足于当代，这种创作是面对当下的接受主体对传播内容和形式做出的选择，因此，用好话语权，让文本主体有的放矢，是播音主持创作主体的责任和义务。

对播音主持创作主体而言，文本主体的特征既是约束，也为有声语言创作提供了极大的空间。

第三节　播音主持接受主体

一、播音主持接受主体的含义和特征

接受主体又称受众（包括听众和观众），是指播音主持的传播对象和播音主持创作主体创作活动的服务对象。

播音主持创作主体运用有声语言和副语言对节目内容即文本主体进行转化活动的创作目标就是针对接受主体而言的，若失去接受主体，或传播内容与传播过程得不到接受主体的响应，就说明传播效果未达到既定目标，播音主持创作主体的创作活动质量就打了折扣。现代媒体形态、种类虽然丰富，但由于接受主体的个性需求也呈现出多元化的特点，因此必须考虑如何适应和满足这些需求。播音

主持创作主体要有真心诚意为接受主体服务的意识，对接受主体进行分析，了解他们，熟悉他们，才能进行有效传播。一般来说，接受主体有以下几个特征。

①被动性。接受主体的被动性表现在其必须通过各类媒介及播音主持创作主体的创造性劳动，才能获得信息、服务。

②非被动性。接受主体的非被动性主要表现为以下几个方面：有自己的需要、兴趣和价值观念；接受信息非来者不拒，而是有选择性地接触、理解和记忆，之所以说接受主体接收信息有选择性，是因为接受主体接受信息时有一定的选择标准。可以肯定地说，接受主体的非被动性，最终决定了播音主持创作主体的创作判断力。

二、播音主持接受主体的一般分类

接受主体和播音主持创作主体一样，是传播活力的综合体现。可以从不同的角度对接受主体进行分类。

①按接收方式。可分为广播、电视、互联网受众。

②按接受态度。可分为积极的、固定的、随意的受众。

③按受众结构。可分为基本、参照、特约、潜在受众。

三、播音主持接受主体的心理需求及接受规律

接受主体的心理需求有以下特点：①有具体指向；②随节目传播方式、内容的变化而变化；③有一个心理过程：认识—情感—意志，正所谓知、情、意。

接受主体的接受规律，一般可从宏观和微观两个方面进行分析：宏观方面，如过去接受主体的接受行为呈现出遵从性、保守性，而当今时代则呈现出自主性、思辨性；微观方面，如人们的普遍心理：喜新厌旧、喜真厌假、喜短厌长、喜奇厌平、喜实厌空、喜近厌远、喜正厌偏、喜导厌训、喜优厌劣等。

四、播音主持接受主体的反馈规律

广播电视重视受众反馈，就是指播音主持创作主体重视接受主体对节目内容播出的反应。反馈的前提是心理活动，包括心理反应和心理过程。比如表态性的反应，如"简单的应答、简短的应答"；评价性的反应，如能做出"深入的评价"和"深刻的分析"。这就说明接受主体必然有一个心理过程。因此，反馈也就呈现出多种形态，主要有浅层的、显性的，深层的、隐性的。

第二章　播音主持创作的构成

浅层反馈往往只是表示好与不好，即使介入节目，也缺少理性分析。能看到和听到的，如打电话、写信和面谈等，都属于显性反馈。

深层反馈需要参与到节目采编和制作中来。有看法、想法和评价，却不和播音主持创作主体联系，只在某种场合或私下议论的，都属于隐性反馈。

因此，分析受众反馈，要重视数量，更要重视质量，透过显性的，看到隐性的。不要把反馈多、评价高或是反馈少、评价低与有声语言创造力的高低画等号。因为一个节目的成功与失败，是由多种因素促成的。宏观上，应当树立"一荣俱荣，一损俱损"的集体主义价值观；微观上，应当克服"贪天之功为己功""稍有差池与己无关"的错误思想，切实承担起传播创作的责任来，落实备稿与表达的每一个环节，以质取胜。

第三章　播音主持的呼吸方式

呼吸方式对播音主持的效果有着重要的影响,通过对播音主持的呼吸方式进行梳理,有助于播音主持效果的提升。本章分为播音主持的呼吸、播音主持对气息的要求、播音主持中的气息运用、播音主持的气息控制训练四部分。

第一节　播音主持的呼吸

一、呼吸概述

(一) 呼吸的概念

呼吸是反映人体基本生命体征的重要指标,婴儿降生后,呼吸的第一口气带来第一声啼哭,标志着婴儿肺脏功能的正常运转,预示着婴儿可以自主呼吸,也是其健康的首要表现;再到人体死亡后,机体不再与外界进行气体交换,不再产生呼吸,也就不再有生命特征。可见从婴儿的呱呱坠地到生命的最终结束,呼吸始终伴随人的生命进行。

我国很多古典书籍及文献中也对呼吸进行了记载,也认为呼气和吸气,是生物机体和外界进行气体交换的活动过程。西汉著名的思想家、政治家、教育家董仲舒在《春秋繁露·人副天数》中写道:"鼻口呼吸,象风气也。"宋代诗人苏轼也曾在《广慧禅师真赞》中写道:"堂堂总公,僧中之龙,呼吸为云,噫欠为风。"这都集中体现了呼吸是生物机体和外界进行气体交换的活动过程。

(二) 呼吸肌群

克雷默提到呼吸肌是形态学和机能学上的骨骼肌,因此如果应用合理的生理负荷,它可以与运动肌一样,以同样的方式来进行训练。王佳媛认为呼吸肌肉是指与呼吸运动有关的肌肉,通常呼吸肌的划分可分为两种方式。

第三章　播音主持的呼吸方式

一是按其功能划分，可分为吸气肌和呼气肌，吸气肌主要是膈肌、肋间外肌和胸锁乳突肌，呼气肌主要有肋间内肌和腹肌。

二是按其主次地位划分，呼吸肌可分为固有呼吸肌和辅助呼吸肌两种。固有呼吸肌包括膈肌、肋间外肌、肋间内肌、胸横肌等。辅助呼吸肌又分为助吸气肌和助呼气肌，助吸气肌包括背阔肌、胸大肌、胸小肌、前锯肌、胸锁乳突肌等；助呼气肌包括竖脊肌、腹直肌、腹外斜肌、腰方肌、髂肋肌等。其中膈肌是最主要的呼吸肌，也是维持腹内压的重要肌肉。

黄传业提到人体参与呼吸运动的肌肉主要包括膈肌、肋间肌、腹肌和辅助肌群，其中膈肌、肋间外肌、胸骨旁肋间肌和斜角肌是主要的吸气肌群；肋间内肌和胸骨三角肌是呼气肌；腹肌中的腹内斜肌、腹直肌和腹横肌参与呼气，而腹外斜肌参与吸气。胸锁乳突肌、胸大肌、斜方肌、胸小肌、前距肌、胸横肌为辅助呼吸肌。

综上所述，呼吸肌指与呼吸运动有关的肌肉，主要参与吸气的肌肉是膈肌、肋间内肌、斜角肌，其他辅助肌肉包括上斜方肌、前锯肌、上后锯肌、胸大肌、胸小肌、背阔肌、胸锁乳突肌；主要参与呼气的肌肉是腹肌、肋间内肌、胸横肌，辅助肌肉有背阔肌、下后锯肌、腰方肌和髂肋肌。

（三）呼吸器官

1. 肺部器官的结构

肺部器官由左右两部分肺叶、支气管分支形成的支气管树构成。横膈膜位于肺叶下面，是隔开胸部与腹部器官的隔断面，在呼吸时，横膈膜起到非常重要的作用。

2. 喉部器官的结构

喉部器官由会厌、声带、喉部韧带、喉头等构成。其中声带由两片韧带构成。

（四）呼吸在播音中的使用

人们在日常生活中，每天都要进行呼吸来维持生命，主持人在进行播音主持的时候也要进行呼吸，而且要采用更加科学的呼吸方法。

在播音主持的过程中，可以借鉴声乐训练的呼吸方法。播音时大多会采用胸腹联合的呼吸方法，这样的呼吸方式会使声音听起来更加稳健且有力度。同时还要根据播音内容的要求进行呼吸频率的调整，而在换气方面，主持人需要根据标点符号以及语义、语境的综合因素来进行气息的调整。

想把歌曲唱好，需要在气息上多下一番功夫，播音主持也是一样。在气息训练方面，唱歌和播音的方式方法是相通的，都需要气息的支撑，从而呈现出饱满圆润的音色。

二、呼吸的方式

呼吸方式的不同与个人的身体素质和习惯等都有很大的关系，比较典型的呼吸方式主要有以下几种。

（一）胸式呼吸

胸式呼吸法又叫作肋式呼吸法或肩式呼吸法。此种呼吸方法的原理是单靠肋骨的侧向扩张来吸气，吸气时肋间外肌向两边及向上拖动肋骨以扩大胸廓。

由于使用这种呼吸方法在吸气时横膈膜向下移动较小，没有明显变化，肋骨的侧向扩张范围也小，所以吸入胸腔的气息量就少。

使用这种呼吸法的大多数人在吸气时都会双肩向上抬，由于吸气位置浅，播音主持过程中就会出现气息不足、发出来的音发抖等问题。

相较于另外两种呼吸方法，胸式呼吸发出来的声音听起来较虚，给人一种飘在天上的感觉，听起来很不踏实。使用胸式呼吸法在吹奏长音时，弊端会比较明显，声音没有支撑点，摇摇欲坠。而且使用这种呼吸方法时，力量集中在胸部，重心相对于另外两种呼吸方法是靠上的，所以有些使用胸式呼吸法的人在演出中就会出现重心不稳的情况。

虽然也有人肯定胸式呼吸法，但是随着时间的推移，人们实践后发现相较于另外两种呼吸方法，胸式呼吸法的弊端较多，所以胸式呼吸法现在几乎无人使用。

（二）腹式呼吸

1. 腹式呼吸概述

查阅相关古籍资料发现，最早记载腹式呼吸是在《灵宝毕法》一书中，这是我国第一本系统阐述内丹功功法及理论的书籍。书中提到将内丹功功法的修炼分为7段，其中前3段（"匹配阴阳""聚散水火""交媾龙虎"）要求采用腹式呼吸（闭气留腹），诱导入静。其中"闭气留腹"应该是目前发现的最早记载有关腹式呼吸的资料。

第三章　播音主持的呼吸方式

腹式呼吸训练治疗概念是在1938年由美国学者提出的。2002年我国公布了"腹式呼吸运动"这一医学名词，并将其主要运用于医学方面。经过一段时间的发展后，王瑞元教授在其所主编的《运动生理学》中将"腹式呼吸"形成了固定概念并不断将"腹式呼吸"融入、贯通于体育运动中。我国学者的相关后续研究中对腹式呼吸概念的定义有细微差别，但所遵循的总体思想依旧是王瑞元教授所提出的概念。综上所述，可以将其定义为，腹式呼吸是一类以身心放松为前提，以缓慢、深长的呼吸为手段，通过吸气、呼气过程而使得小腹不断做涨起或缩回动作的呼吸方式。

腹式呼吸也被称为"深呼吸"。通常情况下，以腹部呼吸的方式进行呼吸运动，胸肌并不积极主动地推动胸廓，而胸肌的呼吸肌肉群则不能发挥作用，主要呼吸功能通过横膈肌的升降来实现。产生的音色常常是比较沉闷的，而且很难调整。因此，这并不是最科学、最实用的呼吸方式。

在日常生活中，一般是男歌手较多地使用这种呼吸法。虽然腹部呼吸要比胸部呼吸更有力量，但是用这个方式来演唱高音是非常困难的。

这两种方法都是自然的呼吸法。在进行艺术语言的发声时，这两种方式都不能掩盖它们的缺点和不足，需要重新处理和修改，以确保声音的经久不衰。

2. 腹式呼吸的分类

腹式呼吸分为顺腹式呼吸、逆腹式呼吸两类，它们都是采用慢节律的简单训练方式来进行呼吸。

（1）顺腹式呼吸

顺腹式呼吸也被称为等容呼吸，即在吸气过程中，横膈膜收缩下降，肺部得以扩张，腹腔壁肌肉收缩，使得腹部涨起；呼气时将横膈膜上推回到原始位置，以此挤压肺部，将原来吸入的空气经气体交换后以二氧化碳的形态排出体外，使得腹部做收缩动作。顺腹式呼吸的腹部变化与人体正常呼吸的变化形式相差不大，即吸气时小腹涨起、呼气时小腹缩回，在呼吸过程中可将腹部动作幅度加大、呼吸时间延长，以便更好地按摩内脏器官。

（2）逆腹式呼吸

逆腹式呼吸是与顺腹式呼吸完全相反的呼吸方式，它主要依靠横膈肌的收缩活动进行。在吸气过程中，腹腔壁肌肉收缩、横膈肌上升，挤压内脏向上，此时小腹收缩；呼气时，腹腔壁肌肉舒张、腹壁膨出，横膈肌下降，此时小腹涨起。通过此方式进行气体交换能够比平常呼吸吸入的气体量更多、更大，从而让人体获得更多的氧气，满足身体生理活动的需求。

3. 腹式呼吸的生理机制

（1）传统医学理论角度

腹式呼吸属于健身气功"三调"功效中的"调息"手段之一。在经典著作《童蒙观止》中明确了"调息"的具体标准，即"不声、不结、不粗，出入绵绵，若存若亡"，这就要求人们呼吸时尽可能达到细、匀、深、长。

从古代养生思想学说来看，腹式呼吸应当属于"静功"之一，这与东汉末年出现的"内丹术"是一致的。提到"内丹术"那就不得不说"丹田"在这其中所占据的重要地位了。"丹田"一词最早见于东汉的《素问·本病论》，当时所指的"丹田"是人体中的"丹田"穴位。但随着时代变迁，研究者越来越多，关于丹田位置及作用的论述也变得更加详尽。

现在所说的"丹田"一般是指"下丹田"，位置在肚脐下三指小腹正中腹白线的位置上。而早在东晋时期，著名的养生家、道教理论家、医学家——葛洪在其编著的《抱朴子·内篇》中第一次明确提出了"三丹田"的说法，并对"三丹田"位置进行解释："或在脐下二寸四分下丹田中，或在心下绛宫金阙，中丹田也，或在人两眉间，欲行一分为明堂，二寸为洞房，三寸为上丹田也。"自此书明确提出后，在之后一千多年的时间里历代气功家无不奉为圭臬，因时间流逝及不同流派的出现，关于"丹田"的部位和名称虽有略微变动，但大体都相差甚微。经过长期的实践，近现代的中医学家、气功家比较认可的"三丹田"位置分别为，脑区域为上丹田、心区域为中丹田、小腹区域为下丹田。由于意守"上丹田"和"中丹田"容易出现偏差，"意守丹田"主要指意守小腹区域（即"下丹田"），同时这也是大部分人认同的意守位置。

在传统中医理论中，丹田具有藏精纳气的生理功能，而五脏中的脾、肺、肾与人体生理物质中的气、精、血有着密切联系，所以丹田的生理功能与脾、肺、肾三脏器形成紧密的关系。有现代研究证明，意守丹田不仅能让练习者快速入静，还能调节自主神经系统和内分泌功能，改善身体的气血循环过程，优化生命状态，从而达到延年益寿的最终目的。

（2）近现代生理学角度

在近现代有关腹式呼吸的研究中，将呼吸时的生理结构进行解剖，发现在呼吸过程中起关键作用的结构为膈肌和腹肌。膈肌是横跨连接肋骨、胸部、腰部的肌肉，是呼吸肌群最重要的一部分，其功能占所有呼吸肌功能的60%以上。参与呼吸的腹部肌群有腹直肌、腹外斜肌、腹内斜肌、腹横肌。同时，相较于平静呼吸，膈肌在进行腹式呼吸时会产生更大的幅度，其上下幅度约为平静呼吸的

3～4倍（大约为7～10cm），并且人体在进行深而缓的呼吸时肺泡的更新速度要比浅而快的呼吸更快，动用的肺泡数量也更多。结合参与腹式呼吸的肌群来看，如若坚持进行腹式呼吸，则能使腹部肌群进行长期运动而达到锻炼的效果，从而减少腹部肥胖的发生。

横膈肌位于胸、腹之间，是人体中唯一的一个连贯机体的结构。而人体内的五大脏器都直接或间接与横膈肌产生联系：肝脏直接附着在横膈肌上并形成肝膈面；心脏通过纤维心包这一中介与横膈肌的中心腱间接相连；脾脏在膈脾韧带和脾肾韧带的中介作用下将脾脏与横膈肌形成连接；肺则通过覆盖在胸膜外的胸内筋膜附着在横膈肌上而形成间接连接；肾脏的前后筋膜在肾的外缘向上延伸为横膈下筋膜，并悬吊在横膈肌上，与横膈肌形成联系。横膈肌在腹式呼吸过程中不断做上下运动，使得腹腔内的压力根据横膈肌的运动而不断产生变化，同时能够带动或按摩五大脏器和其他内脏，因此进行有规律、有节奏的腹式呼吸在一定程度上会对上述脏腑产生影响。

在现有的一些文章中，对心肺与横膈肌的位置关系进行了重点阐述，并且《难经》中也曾提到心肺与膈肌的位置关系："心者血，肺者气，血为荣，气为卫，相随上下，谓之荣卫，通行经络，营周于外，故令心肺在膈上也。"通过这些描述也能知晓心肺在腹式呼吸中占据着重要地位。

4. 腹式呼吸的功能

呼吸的含义与古代的"吐故纳新"之义极为相似，"吐故纳新"是指吐出身体沉寂之气，吸纳自然界清新之气；呼吸是呼出身体无用之气，吸收人体有用之气，所以从两词含义来看，具有很高的相似性。

自我国古代就已经开展"呼吸吐纳"的相关研究了：《行气玉佩铭》是我国现存的、最早的气功理论文物，其中记载了一些与腹式呼吸相关的步骤："行气，深则蓄，蓄则伸，下则定，定则固，固则萌，萌则长，长则退，退则天。天几春在上，地几春在下。顺则生，逆则死。""深则蓄，蓄则伸"讲的是腹式呼吸时要深呼吸、把空气充分地在肺里蓄满，呼气的时候将肺收缩、放松自然地将气全部吐出，这很好地说明了腹式呼吸的动作要领及要求。春秋战国时期的《素问·上古天真论》《灵枢·刺节真邪篇》这两篇文章是详细描述腹式呼吸的史料，南北朝时期的《养性延命录》中也详细记载了"六字诀"的相关内容，并指出了六字诀能够对人体产生某些影响。从上述内容来看，中国古代时期就对腹式呼吸的功效做了不同的研究。

在近现代的研究中，发现腹式呼吸有很多功效：能扩大膈肌的活动范围，使

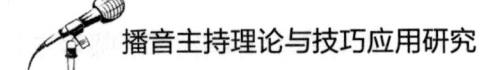

得胸腔容积增大、肺泡活化、肺活量加大、气体交换能力变强，让处于"沉睡"状态的肺泡获取更多的氧气。

（三）胸腹联合呼吸

胸腹联合呼吸法是靠肋骨和横膈肌共同作用实现的一种呼吸方式，也被称为"胸膈呼吸法"，这种呼吸方式可以认为是胸式呼吸和腹式呼吸的联合运用。在主持人发音的时候，吸气肌肉群发力，使肋骨提高并扩展，撑大胸腔的前后径和左右径，横膈肌进行收缩，使胸腔上下经增大，这样一来，胸腔得到全方位的扩展，肺的容积增大，此时的气息呼吸量最大、最强。

胸腹部结合呼吸能使胸、膈、腹三者相互连通，容易形成坚实明亮的音色。所以，这是最理想的一种呼吸方式。人体在呼吸时，有两个不同的肌肉群，一种叫作吸气肌肉群，一种叫作呼气肌肉群。呼吸控制的本质是两个肌肉群的相互抵抗和制约，外在的表现是两肋和腹部的抗衡。

日常交谈中进行呼吸时，吸气和呼气肌肉群各有其作用，但它们之间并没有太多的关联，而有节律的呼吸则需要这两个部分的协调运动。吸气肌肉群不仅仅是在吸气的时候发挥功能，在呼气的同时，也要保持一定的张力，与呼气的肌肉群形成对抗，从而控制气流呼出的速度和强度。

三、播音主持呼吸的特点

（一）播音主持呼吸与一般口语呼吸的不同

日常生活中的呼吸是个体根据自身的语言习惯而形成的一种呼吸形式。播音主持的呼吸要能适应各类新闻报道和各类节目的语言需求。通过具体的分析，有以下几个要素，可以促使主持人提高自身的呼吸能力。

第一，主持人面向广大听众，需要用电子设备进行声音传播，对语音的清晰度有很高的要求，因此吐字发音要适当地加大力度。吐字时，气息对吐字器官的控制是十分关键的。

第二，主持人的有声语言要求具有生动性，主持人的情感投入和表达能力也要适当提高。在进行播音主持时，情绪的变化是非常丰富的，而这种丰富的情绪则是由多个气息的状态来表达的。

第三，主持人的语篇结构较为规范，有很多长句子，这就需要主持人的呼吸能支撑较长的发音。

第三章　播音主持的呼吸方式

综上所述，尽管主持人的呼吸与日常的口语呼吸一样，种类繁多，但为了使主持人的语言表达更加准确、丰富、灵活，呼吸的力度和控制也会更加复杂，这就要求必须学会并掌握更多的呼吸法。

(二) 胸腹联合式呼吸的特点

胸腹联合式呼吸是常见的呼吸方式之一。它是膈肌升降和胸廓扩张、收缩相结合的呼吸方式。胸腹联合式呼吸的呼吸原理是胸式呼吸和腹式呼吸两种呼吸方式的结合。在呼吸过程中采用肌肉对抗原理控制气流。呼气发音时，吸气肌肉群仍保持一定的力量与呼气肌肉群形成对抗，控制气流呼出的速度与强度。

胸腹联合式呼吸的特点：吸气量较大，控制精细，气息较为均匀。

首先，胸腹联合式呼吸时吸气从前后、左右、上下全面扩大了胸腔的容积，吸气量最大；其次，从动作特征来看，胸腹联合式呼吸建立了胸腹之间的联系，增强了呼吸的稳健感，有利于控制；最后，采用胸腹联合式呼吸后，易于产生坚实、响亮的音色，它是多种音色变化的基础。正因为胸腹联合式呼吸可以使发音维持较长的时间、呼气均匀，因此它是主持人应当掌握的重要呼吸方式。

我国传统戏曲艺术，讲究运用"丹田气"。唐代《乐府杂录》中有这样的记载："善歌者，必先调其气，氤氲自脐间出。""脐间"就是我们所说的"丹田"。

"丹田"原为道教修炼内丹中的精气神时所用的专业术语。历史上第一位明确提出丹田说法的是晋代的葛洪，《抱朴子·内篇》中记载："一有姓字服色，男长九分，女长六分，或在脐下二寸四分下丹田中，或在心下绛宫金阙中丹田也，或在人两眉间，欲行一寸为明堂，二寸为洞房，三寸为上丹田也。此乃是道家所重，世世歃血口传其姓名耳。"葛洪认为，下丹田位于肚脐下二寸四分处，中丹田在心脏部位，而上丹田在两眉宇正中入内三寸之处。中医中丹田指的是一个穴位，位于小腹部，脐下两寸到三寸之间。而我们通常说的丹田通常指肚脐下方两寸至三寸之间，或是肚脐下方两指到三指之间。

"气沉丹田"这个词可谓与我们的生活息息相关，其不仅可以用于武术练习、气功练习、瑜伽练习等，在播音主持中也是很常见的。最开始学习播音主持时，老师通常会提到"气一定要让它到丹田之处"。但其实，气是并不能到达丹田之处的。从解剖学角度来讲，气（空气）吸进嘴鼻后需要经过咽喉、气管、支气管，最后进入肺里，在肺里循环一圈后将氧气吸收将二氧化碳吐出。因此，从人体结构上来说气是不可能到达丹田的。吸气时，空气进入肺部，肺部扩张、横膈膜下降。呼气时，肺部收缩、横膈膜上升，这是自然的身体反应。根据生理测定，横膈膜每下降一厘米，就可以增加 200～300 毫升的肺活量。所以在横膈膜下降时肺部会吸入大量的空气，横膈膜的下降又会引起小腹的慢慢凸起。虽然气不能到达丹田，但人们会有意识地去想腹部内充满气，然后通过意念将它集中到丹田位置。在小腹的慢慢隆起以及意念的加持下就出现了"气沉丹田"这一说法。

第二节　播音主持对气息的要求

一、播音员要有持久的播音控制能力

从内容上来讲，播音工作也属于一种创作行为。播音员需要在其中付出大量的心血与努力，才能够将工作完成得相对全面。每种稿件都以长短不一的形式呈现在播音员的面前，播报时间的相对集中要求播音员的声音有一定的稳定性。在长时间的工作状态下，播音员要学会善于控制整体的局面，能够有的放矢，避免出现一些差错。如果播音员的控制能力较差，会使得一些内容较长的稿件断句不明，声音逐渐下降或者是减弱，由"气势蓬勃"到声嘶力竭。前半部分与后半部分呈现出不一致的现象。这样的播音状态不仅是作为主持人的失败，更是创作的效率低下所导致的。

二、播音员气息控制的稳健性

一个好的播音员，势必要具备稳健的气息控制能力。试想一下，在大多数人的谈话或者是交流过程中，都会出现因前半部分控制不得当而断句不断的现象。第一句的气势明显要比其他几句响亮。播音员要学会根据实际情况进行调整，使自己的语言听起来"铿锵有力"。对于一些日常新闻的播报，播音员可以采用比较平缓的声音，使气息保持在稳定的状态。对于一些令人较为气愤的新闻，播音员可以用严肃的语气播报。同时，播音员要进行适当的调整，可以轻轻地呼吸一口气再进行播报。气息的稳健性能够体现一个播音员的良好素质，也是其专业性的要求。

三、播音员要对气息进行幅度性的调整

播音员要对气息进行幅度性调整主要表现在断句和重点词强调方面。一个好的播音员对句子的分析能力与敏感程度都是异于常人的。他们能够准确地把握一句话中的关键,也能够根据实际情况使自己做出最佳的表现。为了适应多样化、具体化的节目,播音员的声音也应该是丰富多彩的。

第三节 播音主持中的气息运用

一、不同感情色彩的气息运用

(一)平和的色彩

感情色彩比较平和的时候,呼吸比较放松,气息通畅。这个时候,如果使用压力比较大的气息下沉状态,会显得过于严肃和呆板,缺少平和与灵动。播音主持中介绍性的语言一般都使用这种气息状态。

(二)愉快的色彩

人们在愉快的时候,一般气息都比较浅,气息呈上浮的状态。因此在播音主持中表达愉快的色彩时,气息不宜过深,有的时候可能还会使用胸式呼吸。

(三)紧张的色彩

人们在紧张的时候,全身会绷紧,这个时候,气息压力大,常呈现胸式呼吸状态,呼吸比较急促。播音主持中要注意这类气息状态的使用。

(四)沉痛的色彩

人们在沉痛的时候会感到气息沉闷压抑,呼吸的间隔时间长,常伴有大口地吸气。

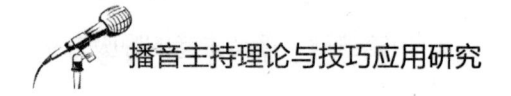

二、不同场合环境中的气息运用

在进行气息的训练与应用时,除了要注重不同情绪色彩对呼吸的影响外,还应注重所处的环境和场合。

(一)大舞台主持的气息运用

在大的舞台上主持,要有很强的声音控制能力。这个时候,要加大吸气量,呼气的力度也会比较强,吐字力度也相对较大。例如,一些大型晚会或一些重要场合的主持。

(二)小演播室主持的气息运用

在小演播室中主持时,通常采用较低的音量,气息相对稳定且灵活,发音要轻快、清楚。大部分的新闻播报都是这样的。

(三)录音室配音的气息运用

如果是在录音室中配音,可以使用不会对观众观看画面造成太大影响的轻声旁白,音量稍小,但发音流畅,情绪更加细腻。

(四)在新闻现场主持的气息运用

在新闻现场直播时,主持人的声音要考虑周围环境对声音的影响。在喧闹的场合,主持人应使用好麦克风,并注意气息的力度,发音要清楚,要有穿透力。如果是在一个比较安静的地方,例如会场,主持人的声音不能太大,气息要平稳,吐字力度要适当,字音要清晰。

三、播音主持中常见的气息问题

(一)气息较浅

在我们日常说话中,需要气息下沉进行深呼吸时,如果还在用胸部呼吸,则会导致气息比较浅,声音听起来也会有点柔弱。这个问题通常出现在女性的声音里。

要想解决这一问题,必须增加吸气量。在练习过程中,可以采用心理辅导的方法来帮助练习者进入合适的呼吸状态。例如，用"闻花香"进行深呼吸。我们可以想象自己正身处在一个新鲜的环境里，希望能呼吸到花儿的芬芳。这个念头会让我们吸入更多的气息，使两肋随之打开。其次就是要注意动作要领，注意运用上述的胸腹结合呼吸要领。有的人，气息较浅，声音微弱，这与他们的个人气质有关。若过于固守自己的个性，则难以改变言语中的柔弱气息。针对这种因为性格和气质而导致的呼吸问题，可以通过改善个性来调节，效果会比较好。

（二）气息不够用

有些人会感觉到自己发声时气息不够用。这种现象一般有两个原因：一是由于吸入的气息太少；二是在使用过程中没有很好地利用气息。

所以，我们既要注重"开源"，提高吸气能力，加大吸气量；又要在呼气的时候"节流"，堵住浪费的渠道。

在呼气的时候，吸气的肌肉群也要起到一定的作用，与呼气的肌肉产生力量对抗，通过对抗产生的压力差来控制呼气，防止气息快速外泄，这样就可以节约气息。

吐字松散也是导致气息不足的主要原因。在吐字时，嘴唇的开合和舌头的抬落都会对呼气产生不同程度的影响。所以，加强对嘴唇和舌头的控制，也能节约气息。

另外，不能发出太虚的声音，这样可以减少消耗的能量。在使用低音时，特别是虚弱低音时，因声带松散，且存在很大的空隙，所以气息消耗量最大。在发高强音的时候，因声带紧闭，气息消耗量大幅减少。在发明亮的中音时，声带的张力和气息的压力都是适度的，这样可以节约气息，也能让嗓音变得轻松自然。

（三）气息沉不下去

在运用气息的时候，有时候会遇到气息沉不下去的情况。这与精神紧张、肌肉僵硬有关。在进行呼吸训练时，要注意精神上的放松，要适度地使小腹绷紧，适当地放松咽喉。

（四）屏气

有些人有一种习惯，就是在吸气之后屏息发声，这样会造成喉咙的紧张。呼吸时要保持吸气和呼气的连续性，不能通过屏气使吸气和呼气分开。屏气会导致声音紧张。

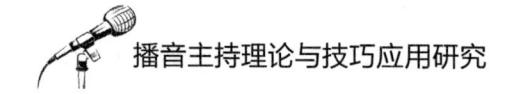

四、气息使用中的注意事项

（一）注意思想感情对气息的激发和引领

我们不是为了用气而用气，而是通过呼吸来支撑声音，借助气息来进行表达。如果过多地考虑呼吸，就会导致呼吸不平衡，从而导致消极的结果。因此，进行表达的时候，应该把注意力放在想要说的东西上。

主持人在进行有声语言表达时，首先要理解、明确要表达的意思，并真正体会到其中的情感，然后调动气息，从而推动发声。通过实践来提高理解能力和感受能力，是正确运用气息、强化表达效果的重要基础。

（二）注意呼吸的开源节流

在呼吸的时候，要注意适当增加吸气量，以达到"开源"的目的，但这并不代表吸得越多越好，而是需要多少就吸入多少。因为太多的气息会影响说话的流利度。"节流"，就是要控制声音所需要的气流的强弱、急缓、疏密，但"节流"并不代表呼气越少越好，如果太过节流，会让声音变得低沉，从而影响情绪的表现。

（三）呼吸与其他发音过程的配合

人类的声音，是整个脑部和发音器官共同作用产生的。所以，在运用气息的时候，各个器官要密切配合。呼吸是否正确、到位，要用语言的表现效果来检验，而不能用单纯的感官或单纯的呼吸标准来判断。

（四）注意科学训练和灵活使用

呼吸训练要注重科学性。呼吸肌的力量与灵活性是实现呼吸控制"自动化"的关键。在练习呼吸肌时，要重点训练平时不能充分活动的腹肌、膈肌等。

胸腹联合呼吸是播音员必须掌握的一种呼吸方法，但并非只有一种方法。要注意运用不同的呼吸方法，根据表达的需要灵活使用，而不能脱离语言的表达和情感，只采用一种呼吸形式。

第四节　播音主持的气息控制训练

一、播音主持的呼吸控制

（一）呼吸控制的要领

主持人在播音创作中所表现出的呼吸控制可分为三个方面，分别是吸气、呼气和换气。

1. 吸气要领

两肋打开，腹壁"站定"，吸气到肺底，通俗地讲就是做深呼吸。为了能够找到这种感觉，可以先使用叹气的方式把气吐干净，然后在自然吸气中就可以体会到吸气时的两肋打开的感觉。腹壁"站定"的意思就是吸气时保持好腹肌的稳定性，不可以收缩过大，否则会妨碍膈肌的下降，使得胸腔容积不够，从而影响气量的增加。吸气时要保持轻松的自然状态，不可过于紧张，气量的不够或过满都容易造成呼气时的控制失衡。

2. 呼气要领

呼吸的控制并不完全在于吸入的气量有多少，而更要注重呼气时气流缓急、强弱的掌控，因为发声阶段完全体现在呼气过程，所以吸气和换气属于服务性过程，而呼气才是主角，对于呼气的把控程度也自然成为呼吸控制的关键环节。一口气能维持较久，发出较多音节，以及长时间保持良好的呼吸状态，是所谓气息持久的真正含义，它们对于语言表达都具有实际的意义。要达到持久除了积极锻炼之外，从呼气这一环节考虑，节省是关键。持久地控制呼气可以让吐字归音更到位，让声音更均匀、更饱满，从而保持发声的连续性和稳定性。

3. 换气要领

句首换气，换气到位，换了就用，留有余地，换气无声。为了不破坏整体性，主持人在播音创作中换气一般选择在两句话之间，因此换气的方法在某种程度上也要和停连紧密结合。夏青老师在播音中句子之间有明显的停顿之处。上句已结束，下一句还未开始，此处可以从容换气。如今，主持人的语速比起夏青老师播音的年代有了明显的加快，以《新闻联播》为例，现在的主持人口语播报新闻速度大概为每分钟 300 个音节，这对主持人换气的技巧更是一种挑战，必要时还要在句子中间进行少量的补气，也就是俗称的偷气。需要注意的是，不要等气彻底用完了再补，否则会明显降低呼吸控制力。

我们说话的时候，不能一口气就把所有的话都说完，必须在中间换气，补充气息，这样才能让自己的声音变得圆润、流畅。至于唱歌、唱戏，对换气、补气的要求就更高了。换气主要有以下两种方式。

（1）大气口

在表达的过程中会遇到能做短暂停顿的地方，这个时候要稍稍吐气，然后再做一次深呼吸，这是一种"少呼多吸"的换气方式，也就是所谓的"大气口"。气口就是换气的地方。

使用大气口法的时候，要在语法停顿和情感停顿的地方进行换气。一要及时，能换气的时候就换，别错失良机；二要充分吸气，这样才能保持平稳的语调，避免气力耗尽。

（2）小气口

在说长句的时候，可以在能做停顿处快速地吸一小口气，或者在说出前面一个字时不留痕迹地带回一丝气息。这是一种"只吸不呼"的换气方法，所以又称"补气"，也称"偷气"。

在使用小气口法时，应在不影响语义表达、不切断句法结构的情况下，选择气口。一要迅速收腹，两肋一展，口鼻吸一口气，立即补满；二要轻松自如，不留痕迹，做到字断气不断。

（二）呼吸控制与声音弹性

1. 呼吸控制及声音弹性的关系

在播音发声的过程中，呼出的气息是人发声的动力。声音的强弱、高低、长短以及共鸣的运用与呼出气流的速度、流量、密度都有着直接的关系。气流的变化关系到声音的响亮度、清晰度，以及嗓音的持久性。而人的呼吸总是处在不断运动的状态中，特别是在朗诵文艺作品的时候，内心的情绪和感受是不断变化的，这就要求对呼吸的控制必须服从我们内心情绪表达的需要，要灵活多变。如果仅仅依靠声音的技巧难免会令整篇稿件显得单薄无力。气息的变化影响着声音的表现力，恰到好处的呼吸控制可以弥补单薄的声音形式的不足。

例如，《满江红》这篇文艺作品，整篇诗词的感情色彩很浓重，对于声音的表现力就要求以高亢激昂为主，如果仅仅依靠单薄的声音来表现高亢激昂的情感，恐怕就只能扯着嗓子大声喊叫了。这不但会影响表达的效果，使之成为刺耳的噪声，长此以往也会引起发声器官的病变。而科学的用声用气方法不但能够延长发声器官的寿命，也能够为表情达意增添色彩。在播音发声中主要运用的是胸腹联合式呼吸法，该方法不仅吸气量大，而且进气无声，速度又快，能够适应播音发声的要求；同时又能够对气息的深浅、多少与快慢进行自如的控制，有利于丰富的情感表达的不同需要。

　　以下是一些较为简单实用的经验。吸气时口鼻同时进气，气息下沉使小腹及后腰两侧逐渐胀起，在初次练习时可以使双脚与肩齐平，弯腰使双臂自然下垂到双脚上，而后进行吸气，会比较容易体会。逐渐掌握了吸气的要领之后可以试着慢慢将身体站直，双肩放松，要特别注意吸气时胸部不要有明显的起伏，并且不能吸得太满，否则气息会比较浅，也会导致喉部僵硬。呼气的时候要特别注意小腹及后腰两侧不要立即放松把气很快地呼出，呼气的同时小腹要有控制地回缩，从而控制气息呼出的速度和时长，使呼出的气息均匀、有力量并且持久。

　　2.呼吸控制及声音弹性结合的综合运用

　　掌握了科学的用气方法之后，就需要结合声音的弹性来创作文艺作品。指导学生朗诵的第一步是要先查阅资料，了解稿件的写作背景和作者想要表达的感情。《满江红》表达了作者岳飞的爱国之情，有了感情的支撑之后再去进行创作。

　　诗词的第一句"怒发冲冠"就需要充分调动气息，利用呼吸控制慢慢吸一口气到肺底，不用吸得过于满，吸至八分饱为宜，这样会比较好控制，也能使喉部处于放松的状态。同时两肋打开，气息要往下走，不要使胸部凸起，否则气息会比较浅，直到可以体会到后腰发胀，小腹逐渐有紧实的感觉时再出字，出字时要有力量，利用充足通畅的气息来支撑声音，以表现出岳飞的那种坚决。"凭栏处"和"潇潇雨歇"之间做到声断气连，虽然声音听上去有所停顿，但要利用呼吸控制使气息将完整的一句话连贯起来，这就要求有充足的气息来支撑，所以在第一句吸气的时候就要把气吸到位；"潇潇雨歇"这四个字语速放慢，声带放松，使音高降低，同时小腹收紧，运用气息将字音稳稳地托住。"抬望眼，仰天长啸"在处理时要注意将软腭充分挺起，加大口腔内部的容积，使大量气息从口腔流出，而"仰天长啸"中的"天"字在处理时使软腭充分挺起，利用口腔控制将字头紧紧叼住，并运用气声迅速将字用力推出去，以烘托出辽阔的意境。"莫等闲"中的"莫"及"空悲切"中的"空"字要运用气息将字像叹气一样送出去，以表现作者的万般无奈和迫不及待想要收复失地的复杂感情。"靖康耻，犹未雪；

臣子恨，何时灭。"这一句的处理要利用口腔控制将字音紧紧地叼住，发音干净利落，不拖泥带水，同时声带紧闭，使较强的气流从中通过并振动声带，运用实声，语势由弱到强，以此来表现作者又恨又充满杀气的心理。"驾长车，踏破贺兰山缺。壮志饥餐胡虏肉，笑谈渴饮匈奴血。"这一段话可以利用喉部控制使声带放松靠拢，以虚实结合的声音，来表现作者对抗击匈奴的展望。"匈奴血"三个字放慢语速，将字头叼住，用力将字音干净利落地展现出来。文章的最后一句"待从头、收拾旧山河，朝天阙"在处理时，先把气息吸到肺底至八分饱，运用气息将字音稳稳地托住，语势逐渐上升，"天"字运用气声将字用力推出去，表现作者誓不罢休要收复失地的决心，凭借着气息的支撑，更能表现出作者的那份坚定和气势，进而将岳飞的悲愤之情展现得淋漓尽致。这也是气息作为动力所带来的情感效果的整体提升。

气息的运用也有很多种方法，在文艺作品中，气息的运用是为了更好地表达情感，所以要能够灵活地运用气息以使情感表达更加到位。例如，"两只小眼睛使劲儿转着，嘿～一副可爱淘气的样子！"这句话在处理的时候就可以将"嘿"字与前面的语句连贯起来，声断气连，虽然声音听上去稍有停顿，但是气息是连贯的，顺势一口气读下来，就可以使表达更加有灵动感，反之则会使表达显得呆板刻意，也就背离了作者想要传达出的那种活泼可爱的感觉。这就是运用了就气的用气方法。

在文艺作品的创作中，有时根据内容的需要也可以运用抢气的用气方法，例如，"一阵风把蜡烛吹灭了。"这句话中如果能在"一阵风"后面做一个抢气，明着迅速吸一口气，可以明显听出吸气的声音，这时可以感受到小腹和后腰两侧猛然一紧，这样运用气息就可以将风吹过的情景烘托得既生动又富有画面感。

二、播音主持的气息训练

（一）气息训练的主要方法

1. 准确理解和应用胸腹式联合呼吸法

当下，胸腹式联合呼吸法被认定是语言艺术训练的一个基本功，为播音、主持人员工作中常用的呼吸方式之一，其呼吸活动幅度大，伸缩性较强，具备操控与支撑声音的能力，是人们均衡、平稳呼出气息的重要基础条件。个体只有进行科学合理的训练才能精准掌握气息技巧，并进行有效控制。

从理论层面上讲，声乐及戏曲表演中的呼吸理论经常和胸腹式联合呼吸法相提并论，尽管在语言艺术工作中可以有选择性地借鉴以上理论，但依然存在着较明显的差异。站在应用目的与频率的视角来看，声乐及戏曲表演都采用"非日常状态"的形式去传达信息，这一点和口语表达存在本质上的差异，不能有效培养个体的有声语言表达能力，故而如果原封不动地把声乐及戏曲表演中的气息控制及训练方法用在语言艺术基本功训练中，则科学性显著不足。故而，在实际教学中，授课教师在适度借鉴其他相关理论的基础上，也一定要结合语言艺术基本功教学的基本特征，创新理论知识体系，进而使其为提升气息训练效果提供更有效的服务。

2. 慢速进行呼气训练

数数儿、唱慢歌或小段戏曲等均是常用的训练形式。其中，数数儿的训练过程为，要求受训者处于身体站立状态，进行吸气动作以后，利用十分轻微的"窃窃私语"一样的声音数出"1，2，3……"，在连续数数儿到二十秒至三十秒时，主观上会有不同程度的不适感，但此时不能中止，要尽量做到镇定，维持原来的速度，在自信心的支撑下坚持数下去，直到确实没有气力再往下数时才停止。通常训练一段时间以后，即便是到最后气力不足时，依然能平稳地数且不会出现"局促或气急"的情况。在这里需要重点提及的内容是，数数儿的整个过程要尽量维持镇定状态，进而提升声音前后的一致性，严禁出现刚开始时声音清楚、饱满有力，但是到后期力竭时声音就含糊不清的情况。可以通过倾听自己数数儿的声音判别呼气动作是否做到了平稳、均匀。在参与这种练习活动时，尽管胸腔中的空气呈现出减少的趋势，气压渐进式降低，胸廓逐渐复原，但个体主观意识上依然要尽可能保持胸廓的饱满状态，并加大小腹部和后腰部的控制力度；也可以通过唱慢歌或小段戏曲等方法进行慢速呼吸训练。歌唱过程中主观上有效控制呼吸节律，尽量选择乐句悠长且音域较窄的歌曲，例如，《同一首歌》《月之故乡》等。歌唱发声过程中要做到气息缓慢、悠长，这和播音的气息要求存在着一些相通之处。

3. 偷气法的训练

语言艺术工作者在工作中要尽量带给人一气呵成之感，而人的吸气量并不是无限的，任何人不能做到一直说且不换气，这就要求语言艺术工作者应掌握快速"偷气"技巧。如果受训者已经能娴熟掌握、应用以上呼吸法，那么偷气法就是十分简单易学的。可以尝试将两句简单的绕口令作为偷气法的训练材料，"白石一塔，白石一搭"。训练要点有：两个"白石"以后、"塔"与"搭"前空下半拍，应用以上这一短暂的时间把气体"偷"进体中。

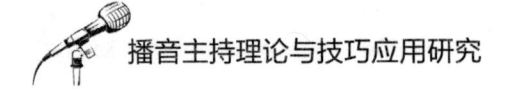

4. 发气泡音

个体进行该项训练活动时要尽量有呼吸过程的配合，借此使伴随气泡呼出的气息均匀且悠长。通常情况下，晨起时会更加容易练习发气泡音，追求呼出较大的气泡颗粒，一个个高度分明。通常系统地练习一段时间后个体便会感觉嗓子很轻松。

5. 力争实现"以情运气"

"心平气自和"的道理浅显易懂。发声表面上看是一项十分平常的事情，但实际上是需要个体全身心参与的运动项目。语言艺术工作者在播音、主持过程中，一定要结合稿件的具体内容准确使用气息，进而阐述事实、表达情感及传递观点。首先，语言艺术工作者要对稿件内容有一个全面的了解，感受文字传递的情感。其次，精心准备所要表达的内容及讨论的话题等，在认知层面上形成准确判断，这样才能生成强烈的"说"的欲望。最后，在实际表达过程中要合理应用气息，使感情呈现出动态化特征，这样才能迸发出真情实感。既往有生理性研究发现，个体如果处于愤怒状态下，其内脏器官与躯体的局部肌肉会紧张收缩，如果长期持续以上这种状态，那么在特定情境下，个体容易因为身体和内脏的收缩反应而习惯性地表露出愤怒情绪，发怒时语言表达所采用的气息和正常状况存在着明显差异。也就是说，气息与个体的生理和心理状态相关，可以尝试用感情调控个体的呼吸运动，这是语言艺术工作人员发声呼吸控制过程中遵照的一项基本原则，也是呼吸控制的高级境界。在具体训练实践中，只有通过长期的、系统化的且有意识的训练，主动克服误区，精准掌握胸腹式联合呼吸法的要领，才能逐渐运用自如，使气息伴随着感情而运动。这就是"以情运气"。

（二）气息训练的几点建议

由于播音主持发声时，需要对发声的动力，即呼出的气息进行控制，所以练习呼气时对气息的控制是有必要的。

我们可以用各种挡气练习来体会呼气时对气息的控制。这样的练习分为无声的和有声的。无声练习可以是这样：吸一口气之后，嘴唇保持发"u"时的口型，只开一个小小的口，然后缓慢、匀速向外呼气，体会气息均匀地送出。

有声练习有好几种，例如，唇颤（嘴唇放松，向外呼气，同时发声，嘴唇会颤动，发出类似摩托车发动机的声音，嘴唇颤抖的频率会随气息的变化而变化）、舌颤。通过嘴唇或舌头对气息进行挡气，缓慢、均匀地向外呼气，可以体会到对气息的控制。

第三章　播音主持的呼吸方式

以下是几点气息控制训练的建议。

①对于播音主持的呼吸，有人说要气沉丹田，使用横膈膜呼吸法、腹式呼吸法等，其实都不够全面和完整，播音主持的呼吸是一个整体，需要相关肌肉与器官相互配合，例如，肺、胸腔、肋骨、腹部、腰部、后腰等。

②凡事有"度"，吸气不能吸太多太深，够用就行，否则会适得其反。

③在播音主持时，吸气和呼气不要去想太多，自然和放松是最重要的，很多人懂得不少播音主持的理论却在实践时不尽人意，就是因为想得太多。

④在气息训练时，有的老师会叫学生找到"气息的支点"。其实这个"支点"不在气息上，而在"声带闭合"上，只有当声带科学工作、良好地闭合振动时，气息才会均匀地从声带边缘出来，这时候，就能感觉到气息有"支点"了，声音也饱满、结实了。如果不解决声带闭合的问题，是永远找不到"气息的支点"的。

第四章　播音主持的吐字方式

播音主持对吐字方式的要求非常严格，了解播音主持的吐字方式，并对吐字进行训练，才能呈现更好的播音主持效果。本章分为播音发声的吐字要求、口腔控制与吐字归音、吐字归音在播音主持中的运用、播音主持的吐字归音训练四部分。

第一节　播音发声的吐字要求

咬字吐字主要是为了在歌唱或念白中，正确地把词的声母和韵母准确读出，使之近读不牙碜，远读不含混。咬字、吐字是中国声乐表演艺术家所需具备的基本技能之一。在歌唱理论中，将汉字的发音特点分为"出声""收声"等，其中"出声"是指声母的发声，"收声"是指字音的归韵收尾。而根据汉字的拼音构成，声母是构成第一个音节的元素，是其起头需要发出的第一个音，所以在歌唱过程中，声母是第一个字的字头。而咬字则是要求将汉字的字头咬准，吐字则是指在歌唱中的"出声指收声"的过程。播音主持的吐字与歌唱中的吐字要求相同，都是一个由出声到收声的过程。

口腔是人类区别语意和表达情感的主要器官，是语音"制造场"，也是声音"集散地"，是确保播音质量的关键。口腔控制和普通话发音有着紧密的联系，没有语音，就无法进行播音发声。平心而论，由于每个人的生理条件不同，所形成的声音、语音特点也不尽相同，但其特有的发音形式和嗓音条件是建立在标准的普通话之上的，以适应大众的审美习惯为目标。所以，在播音发音时，要做到准确、清晰、集中、饱满、圆润、流畅。

第四章 播音主持的吐字方式

一、准确

准确是播音主持吐字最根本的要求，也是最低的要求。主要是指准确地发音，也就是音节的发音部位、发音方式和声调等应规范，重点在于日常生活中很难发现的细微差别。例如，当发"z、c、s"等音时，舌尖必须抵住下齿背（也可以在上齿背）。可见，在此对发音准确的要求，要比日常生活中对语言发音的要求更加严谨和细致。

二、清晰

清晰是传播特性对吐字的另一种要求，主要是指在说话时，舌头和嘴唇的力量，以及发声时的位置的改变。例如，"h"就是用清擦音，发音部位在舌根，当气流撞击到舌根和软腭接近处的时候，就会发出一种清擦声。而大多数没有受过专业训练的人，在气流通过的时候，舌头和软腭的间隙过大，摩擦音过轻，导致声音不够清楚。

三、集中

播音发声的集中要求主要是指声音的集中，虽然声音是看不见、摸不到的，但它具有一定的方向性。除了发声器官的力量要相对集中，在发声时声音也要有强烈的"收束"感、目标感和距离感。通过意识、听觉调节发声器官，让自己的嗓音具有磁性和穿透力。

四、圆润

对于播音发声的吐字要求，最简单的总结就是字正腔圆。播音发声中准确和清晰的要求，即为"字正"；而发音要集中，要饱满，要圆润，这就是要求"腔圆"。这也是播音发音的另一项要求。

"吐字如珠"就是一个形象的比喻，但是饱满与圆润并不一样，如何在音节的发音过程中做到完整而不失去它的饱满性，掌握韵母的舌体活动、调节口腔腔体、正确使用共鸣等，都是至关重要的。

五、流畅

吐字发声流畅，这可以说是吐字的最高标准了，音节是由不同因素构成的，它是语言的最小单位。因此，我们要改变发音的习惯，努力做到准确、清晰、集中、饱满、圆润,将每个音节一个个进行详细拆分,然后慢慢地拼凑起来,以便发现问题,并纠正问题,而不是用文字甚至音素的形式来进行语言表达。因此,在进行发声训练的过程中,必须正确处理好个体与整体的关系。要做到发音时既不生硬又不囫囵吞枣,还能吐字如珠如流,达到流畅的要求。

一句话的主体词该强则强,强而不拙、强而不喊;次要的词语则是该弱则弱,弱而不虚、弱而不飘。要做到这一点,必须处理好轻柔的词汇,掌握好语流,把握好音节和音节之间的过渡,这样才能让人有一种从句子中获得信息的感觉。准确、清晰、集中、饱满、圆润、流畅,它们之间相互联系、相互影响、相互制约、相互促进。要做到这一点,必须采用一些技巧性的训练,把有意识的控制变为无意识的运用。

第二节 口腔控制与吐字归音

一、口腔控制

(一) 口腔控制的运用

文艺作品的播读要依靠声音这个载体,离开了声音,也就无从感知文艺作品的情感和内涵,正如同离开了画笔就无从感知绘画之美。处理文艺作品的声音形式,就如同绘画中的画笔一样,都是艺术创作的载体,是体现艺术魅力的物质基础。

很多人在创作文艺作品时,自己被自己感动得声泪俱下,但是对听众来说,他们丝毫不为之所动,而文艺作品的播读是以表情达意为目的的,很显然,这样的创作是失败的,仅仅使自己感动是远远不够的。虽然对于情感的认知存在着主观上的判断,但为了达到表情达意的目的,应该通过有声语言把自己内心的情感传达给受众,使受众也能切实地感受到那份情感,这就要依靠充满感染力的声音来塑造了。每个人的声音虽然是天生的,但一样可以通过训练,灵活地驾驭自己的声音,使之圆润、清晰、有感染力,成为自己得心应"口"的创作手段。而只有口腔控制与喉部控制恰到好处地配合才能塑造出充满感染力的声音。

在塑造声音的过程中应使喉部得到有效的控制,达到相对稳定和相对放松的状态,在发音过程中"抓两头,松中间",口腔控制做到积极有力,才能叼住

第四章　播音主持的吐字方式

字头，使字腹饱满，收住字尾，使表达内容更加清晰；呼吸控制应做到能够运用胸腹联合式呼吸法调节呼吸，使气息顺畅、均匀，深浅适中，运用自如。与此同时，放松喉头，保持喉头的稳定，避免上提或下压，从而使喉头处于舒适自然的状态，这样才能使声音清晰自然、圆润通畅。

　　充满感染力的声音形式离不开口腔控制及喉部控制的配合。例如，小孩子的声音比较稚嫩，而且音高相对于成年人来说比较高。如"妈妈，我今天能不写作业吗？"这句话在塑造的时候就需要利用喉部控制将喉头的位置升高并收紧喉头，加大声带振动的频率和声带的张力，以使声音变高。并且小孩子说话不像成年人那么清晰标准，所以对于口腔的控制要注意放松，不用刻意地使字音发得过于规范，要有小孩子天真可爱的感觉。而上了年纪的老奶奶的声音比较沧桑，而且音高相对于年轻人来说比较低，且音色较为浑浊。如"我大孙子去哪了？"这句话在声音的塑造上就需要利用喉部控制，将喉头的位置降低并收紧喉头，减小声带振动的频率和张力，以使声音变低。发音的时候喉头保持紧张感，使喉头略微地颤抖，就可以生动地塑造出老奶奶说话时的状态。

　　人在不同情绪状态下所表现出的声音状态也不尽相同，这时候就需要我们通过喉部控制及口部控制来塑造出人物内心的情绪。例如，人在生气愤怒的时候往往气粗声重，例如："这是谁干的？"这就需要我们利用喉部控制，将喉头的位置升高并收紧喉头，加大声带的振动幅度，以使音量变高。而对口腔的控制要求唇舌有力、咬字清晰，叼住字音爆破而出；人在由衷赞美的时候往往气虚声柔，例如："这儿可真美啊！"这就需要我们利用喉部控制，使声带处于较为松弛的状态，语速放慢，利用口腔控制将软腭充分挺起，以使声音圆润饱满，字音柔和且有连贯感。人在害怕恐惧的时候往往气提声凝，例如："我好像看到一个人影飘过去了。"这就需要我们利用喉部控制使喉头保持紧张感，减小声带的振幅以使音量变小，并使喉头轻微颤动，提着一口气不要泄，以表现出人在害怕的时候声音颤抖的状态。

　　在创作文艺作品时，要了解文艺作品的基调和想要表达的思想感情，根据情感的需要恰如其分地运用声音的弹性，这有利于揭示人物的内心、抒发人物的感情，对作品中意境的烘托和气氛的营造也起着至关重要的作用。一般来说，抒情类的文艺作品中虚声运用得比较多，而在愤怒、激动的文艺作品中则以高亢的实声运用为主。例如，诗歌《致橡树》是一首爱情诗，诗中运用比拟的手段表现出作者男女平等的爱情观，也表达出作者对美好爱情的憧憬和向往。创作这篇文艺作品时，就需要运用以虚声为主的虚实结合的声音形式来表现作者内心细腻的情感，使声带处于一个放松的状态，让气流缓缓地从中流过，整体语速较慢，这样能够使听众有一个思考和想象的空间，可以将整首诗的意境烘托得淋漓尽致。再以高亢类的稿件为例，《高山下的花环》中有一段雷军长的台词讲的是雷军长在战争动员会上对"走后门"这种不正之风极力批评，表现出了他极度愤怒的思想感情。对于这一类作品的处理就要更多地使声带紧闭，让较强的气流通过并振动声带以发出明亮高亢的实声，整体语速较快。例如："去杀敌！去拼命！去流血！"利用口腔控制将字头叼住，用力弹出，一气呵成，不拖泥带水，以此来表现人物内心的激愤。

对于文艺作品的播读，用表情达意的声音形式也不是绝对化的，是要根据自己的内心感受和体会来灵活掌握的。例如，《中国军魂》："他们有的身首异处，有的甚至被砍得血肉模糊，但是他们没有一个人放弃，没有一个人当逃兵……你们抢光我们的粮食，烧光我们的房屋，杀光我们的父老乡亲，你甚至不放过一个孩子、一个年迈的老人。"这篇文艺作品以第一人称的视角，表达了英勇就义的中国军人对日本侵略者的强烈谴责。为了表现出中国军人们的同仇敌忾，"血肉模糊""孩子"和"年迈的老人"可以利用喉部控制，加大声带振动的幅度，以使音量变大，利用口腔控制使咬字力量集中在唇舌的中纵线，叼住字音爆破而出，以此来突出日本侵略者的惨无人道。"没有一个当逃兵"中的"一个"可以利用喉部控制，加大声带振动的幅度，以使音量变大加以强调，以此来表现中国军人是团结一致奋起抵抗日本侵略者的。而根据自身感受的不同，也可以将"血肉模糊""孩子"和"年迈的老人"做弱处理，利用喉部控制，减小声带的振幅使音量变小，并使喉头轻微颤动，运用虚声来表现作者看到英勇就义的兄弟及无辜死亡的老百姓时的痛心疾首，这恰好也从侧面衬托出了日本侵略者的残暴和冷血，可谓是一举两得。再例如，巴金的《我的心》中有这么一句："妈妈，请你饶了我！这颗心我实在不要，我不能要啊！"首先结合整篇散文来看作者的思想感情，连连的战争以及社会的黑暗使人们追求和平、幸福和正直的憧憬化为乌有，作者的那颗"心"被残酷的现实碾碎，在这一句中巴金的情绪是非常愤怒的，我们在处理人物对话的时候可以使声带保持紧张的状态，让较强的气流从中通过并振动声带，使喉头的位置上升，运用高亢的实声来表现人物内心此时的愤慨。而对于愤懑的情绪也可以通过弱处理从侧面来表现，最后的那句"我不能要啊！"利用喉部控制，减小声带的振幅使音量变小，声带保持放松，使用偏虚的声音形式，并充分调动气息，用强大的气息支撑强烈的情感，以此来表现人物内心既愤怒又无奈的感情。

（二）播音主持中的口腔控制

1. 扩大口腔空间

口腔状况会严重影响到字音的发音质量，如果口腔状况松散，可能会使字音含糊不清，缺少表达能力，从而影响到语言的传递。口腔状况与颚以及唇舌、下巴等器官的运动状态密切相关，国内的广播前辈早已摸索出一套有效的调节口腔状况、改善语音品质的方法。这些要点可以总结为，"提颧肌、打牙关、挺软腭、松下巴"。同时，要注意集中发力，要清楚发音的方向、发音的力度。通过提、打、挺、松的调整，使整个口腔处于一种"前紧后松，上提下松"的状态，增大口腔的容积，改善口腔对声波的反射，为发音清晰打下良好的基础。同时，这种调节可以使口腔的状况更加有利于说话，并且可以改善口腔和麦克风之间的联系，使口腔发出的声音更易于被收入麦克风中，达到很好的音响效果。

2. 唇舌力量集中

要想使吐字和声音集中，其中重要的一环就是咬字器官的力量要集中，咬字器官进行发音时的力量重点在于口唇和舌头。

唇力的分散是声音听起来"散"的根本原因。在发声时，声母双唇音和唇齿音的力量要集中于唇部的中间位置，这样即使呼吸强度不大时，依然可以达到清晰的发音效果。唇部在发声时，除了要集中力量外，唇齿的恰当靠近也是改善发音的一种方式，"唇齿相依"能减轻因嘴唇松弛而产生的唇腔气息的"湍流"，从而使声音变得干净、明亮、集中。

首先，舌头的力量集中作用在舌头的前部和后部的中纵线；其次，在声母发声时，舌体相关部分要集中用力，成阻部位应以点状接触为主，而非片状，这样才能使字音不松散。

在普通话的所有音素中，除了双唇和唇齿音之外，其余的音位均与舌的运动密切相关；就音节而言，每一个音节都与舌头的活跃活动密不可分。所以，在播音主持过程中，要增强舌头的力量，并把舌头的力量集中起来，这样才能改善说话的状态，使播音主持的声音更集中。

3. 明确声音发出的路线和字音着力的位置

发声时，声音会沿着软腭、硬腭的中间线，推动到硬腭的前方，这就是发声的路径。喉部发出的声束经咽腔沿着上颚中纵线向前移动，流动冲击到硬腭的前部，使得整个发音形成一个着力点，就像是把声音"挂"在硬腭前面。

通过理解语音的产生路径和字音的着力位置，有助于理解语音的感受，从而

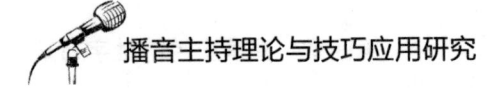

提高语音质量。但是，由于个体间存在差异，人们的感受也会有所不同，感受仅仅是提高发音的一种方式，不要把它当成目标。

二、吐字归音

（一）吐字归音的定义

"吐字归音"是播音员主持人的基本技能，也是播音主持艺术中传情达意再创作的基础。

音，是指物体在震动时所产生的效果。自然界中一切事物的声音都是通过震动来进行传播的。声音不能在真空中传播，声音的传播效果取决于振动的幅度、频率等。在"音"的概念里，"音"是指能被人和动物听见的波，而其他不能被听见的波，就不能被称为"音"。"吐字归音"中的"音"是指我们所听到的对象或自己所发出的声音。

"字"，泛指文字。我们可以将其理解为记录语言的符号，也可以将其理解为一个字的发音，同样"字"也可以表示字体，或者是字据、契约，例如，立字为盟。从狭义上说，字是人类语言的一种表达方式。文字是语言的载体，它将语言表现为符号。

现代语言学之父——瑞士语言学家索绪尔在他的代表性著作《普通语言学教程》中说："语言和文字是两种不同的符号系统，后者唯一存在的理由在于表达前者。"我国著名语言学家、语文教育家张巨龄先生同样认为，文字"只是记录语言的工具，是工具的工具"。事实上，学术研究一般都从狭义的角度出发研究事物本身，尤其是作为学科的理论和术语，否则很容易陷入混乱。

（二）吐字归音的具体要求

1. 出字阶段——叼住弹出

"出字"是指对字头的处理。"叼住"是针对声母的成阻和持阻阶段来说的，强调要阻气有力；"弹出"是针对声母除阻阶段而言的控制技巧，强调除阻要有弹动感。但是这一艺诀在描述上忽视了介音对出字阶段口唇形的规约意义，这就要关涉"字头"的定义问题。字头是音节的开头，是一个音节的声母或声母与韵头的结合。如果简单地把字头定义为音节的声母部分，就容易造成实践层面声母和韵头（介音）彼此脱节的问题，也就是忽视声母和韵头（介音）的协同关系。

第四章　播音主持的吐字方式

"五音"是五类声母的发声位置——唇、齿、舌、牙、喉，对应字音的开头部分，即声母（传统称声母为字头）。字头的发音是一个字音的"统帅"，可以带响后面的韵母。现代汉语根据声母的发音部位将声母分为七类：双唇音、唇齿音、舌尖前音、舌尖后音、舌尖中音、舌面音和舌根音。其实，我们可以把"五音"理解为声母的另一种分类方法。但是"五音"有一部分说法并不科学，如"牙音"和"齿音"的概念并不清楚。

从播音主持艺术实践的层面来看，每个人的发音器官存在细微差异，有声语言的语速和语气会随着具体语境和目的的不同而千变万化，再加上发音时韵母的协同作用等，声母的发音就像"戴着镣铐跳舞""虽分五层，其实万殊"。意思是说，声母的发音部位虽然是一个具体的位置，但在实际发音时会发生细微的变化，目的是使字音发得灵动、自然、不僵化。戏曲艺术的咬字和播音艺术的咬字也存在一些差异，借用"五音"概念，旨在强调"咬字"对于"字音清真"的重要作用。相比之下，前面提到的现代汉语根据发声部位对声母进行分类的方法更易理解，且更具有可操作性。

吐字时要明确口唇形态，同时也要感受发音时着力部位的不同。在播音主持艺术实践中，字头对音节开头口唇的规约要讲求"中庸之道"：开口呼唇形不要过大；齐齿呼唇形不要过扁；合口呼嘴唇不要太向前突出；撮口呼撮嘴角即可。只有这样，才能避免矫枉过正、过犹不及，实现紧张而不机械、松弛而不松懈的"字正腔圆"。

2. 立字阶段——拉开立起

"立字"是指对字腹的处理。口腔打开、咽壁立起，从而实现字腹饱满、圆润。

字音声调的明朗全在字腹，字腹是声调的主要体现者，泛音共鸣、丰满的字腹与高低起伏变化的声调共同造就了汉语有声语言独特的韵律美和音乐美。"萧（xiāo）"和"豪（háo）"的字腹均为a，发音时要打开口腔，"萧"的阴平声调和"豪"的阳平声调均要在韵腹充分体现。如果韵腹被忽视，从字头急转到字尾，声音听起来会变得晦暗不响，字音的饱满度也会大打折扣。

根据韵母的结构和韵母中韵腹（主要元音）的位置，我们可以将复韵母分为前响复韵母、中响复韵母、后响复韵母。有韵尾的韵母在归音时，要避免归音太早。传统戏曲演唱艺术的吐字要服从行腔的需要，一般而言，恰恰是字腹与唱腔结合得最为紧密。

播音主持是在没有唱腔的语流中吐字的，韵腹并没有延长变化的需要，强调韵腹拉开立起，旨在强调声调的明朗和字音的圆润。

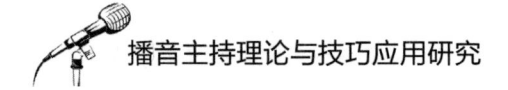

3. 归音阶段——弱收到位

"归音"是指对字尾的处理，要做到弱收、到位，趋势鲜明。明代戏曲声律家沈宠绥在《度曲须知》一书中提出了"头、腹、尾"共切的切音方法，将韵尾分为六类：鼻音、抵腭、"噫"音、"呜"音、"于"音、闭口音。除此之外，还有"有音无字"这一类，实际上说的是零韵尾。沈宠绥认为，只有厘清"各音门路"，才能"音音归正，字字了结"。

"弱收"是指归音时口腔处于由开渐闭的状态，咬字器官的肌肉逐渐放松；"到位"是指唇形和舌位"滑动"到韵尾规定的位置。弱收，不意味着"如履薄冰"，要做到"干脆利落"；到位，不意味着"拖泥带水"，要犹如"蜻蜓点水"，点到即可。实际情况是，很多人能做到"弱收"，但是不能兼顾"到位"。汉语普通话中能做字尾的音素不多，有 i、u 和 n、ng，可以进行针对性的系统练习。

"顿"与"勒"是书法的收笔之法。徐大椿将收声分为"重顿"和"轻勒"两种做法。在结字结句的情况下要运用"重顿"之法，斩钉截铁；在过字连句的时候，要运用"轻勒"之法，用曲折轻巧的方法把声音收掉。收声重，声音就会浊而规整（方整）；收声轻，声音就会清而圆润，但字与字之间的界限都是分明的。

在语流中，我们也要辩证地认识和运用归韵的方法（即对字尾的处理方法）。一般情况下，在结字结句处（即末尾音节）归韵要"重勒"，要鲜明、到位；在过字连句（句中音节）处归韵要"轻勒"，不过分强调"到位"，而更应重视趋势的鲜明。要避免过分强调句中音节的字尾发音，否则语流的流畅度和自然度易受损。

第三节　吐字归音在播音主持中的运用

一、吐字归音与新闻播报

（一）新闻节目的概念与特征

通常来说新闻节目，就是以新闻内容为基础，经过前期的拍摄、后期的剪辑、在屏幕呈现后，形成的电台或电视类节目。目前，新闻节目大体包括现场直播节目、提前录制类节目、专家访谈类节目、民意调查类节目等。这些节目的核心都是真人真事，或通过屏幕直接展现，或加以评论进行深化，向观众传递客观信息的同时，有时也传递着一种思想。

新闻节目的特征主要有四个方面。一是信息量大，新闻节目中的"新闻"很少是单一的新闻，更多是多类新闻的结合体。即便一些单一题材的新闻，也会对新闻中的内容进行深化，将大量的信息传达给观众。二是具有时效性，时效性是新闻的根本属性，只在某个时间或某个时间段内才会发挥效用，超过时效的新闻是没有价值的。三是具有广泛性，不同人群可以通过各类渠道获取新闻节目内容，新闻内容能够被广泛的受众所接受。四是具有指向性，新闻节目中的每条新闻都有指定的对象及特定的内容，是"一对一"式传播，特别是专访类、调查类新闻节目就是针对某个问题或某个现象展开的。

（二）新闻播报的技巧

1. 节奏：注重感情流露

节奏是从稿件中生发出来的、主持人思想感情的波澜起伏所造成的抑扬顿挫、轻重缓急的声音形式。我们常说"语无定式"，是要避免语流的平直，节奏技巧的合理运用能够强化情感、感染受众、引发共鸣。电视新闻故事类节目加入故事化处理的叙事策略，它的节奏相较传统的电视新闻节目要更鲜明。节奏与语速联系紧密，"情""气"的缺失会使声音没有快慢、起伏的变化，表现为快节奏或者匀速前进。具体表现为心理的过度紧张导致口腔处于紧绷状态，气息短促、音量拔高、语速偏快；主持人对于稿件没有找到情感支撑或者心理感受不强烈，有声语言四平八稳没有强弱起伏的变化。

2. 重音：提高表达质量

电视新闻非常强调专业基本功，但是经验不足的主持人呈现新闻时，往往全篇稿件没有一处敢放松，字字讲究"字正腔圆""枣核型"，这样的表达虽然"字"清楚了，但整体的新鲜感、故事感大大降低。尽管有时候"情""气"没有缺席，但没有主次区分；也有时候为了追求声音外在的美感而忽略了表情达意；也有时候为了突出重要的信息，音量刻意增强，甚至突出重音时过分用力，这样一来，重音不但没有起到突出重点的作用，表达也显得生硬、不亲切，在这种情况下，不是一味地用力量来呈现重音，而是敢于弱化次要信息突出主要信息。电视新闻故事类节目有表达交流感强、状态变化幅度大的要求，主持人一定要敢于分清主次，运用对比，对于相对不重要的部分加快语速、轻松带过，重点部分加重处理、放慢语速。

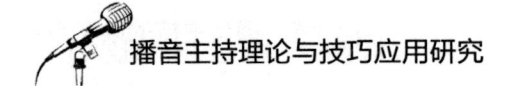

3. 停连：呈现神态转变

由于电视新闻故事类节目的语言具有口语色彩浓厚、短语和口语居多的特点，停连不需要处理长句子的"抱团儿"问题，但是有声语言总会有停顿、中断、终止的时候。电视新闻故事类节目主持人应根据稿件标点符号的要求、生理呼吸的需要、思想感情的运动进行停连处理。气息是情感运动的结果，气息中断就意味着思想感情处于静止状态，声音表现出块状感。相反，应该做到"声断气连"。

（三）新闻播报中的吐字归音运用

播音主持的语言具有规范性、庄重性、激励性等特征，新闻播报是口头语言中的一种书面语，是一种比较正规、庄重的语言。这种规范化和庄重，对新闻播音的吐字归音状态有着一定的要求，具体有以下几点。

一是"枣核形"的发音要有一个清晰的轮廓，而且要更加整齐。

二是字的咬劲要大，字头要有强烈的喷气感，要有一个完整的字腹，还要有一个很好的收音，特别是最后一个音节的收音。

三是新闻播报具有较大的信息量和较快的语速，播音员在完整进行吐字时不能放慢语速，所以对吐字要求准确、敏捷。

二、吐字归音与文艺性作品播读

（一）文艺作品朗读的技巧

朗读时只有声音和感情是完全不够的，想要读得专业，就要学会朗读的技巧。我们主张技巧的实用性和能动性，朗读技巧包括停连、重音、语气、节奏四个方面。它们各有侧重，又具有共性。它们成为朗读声音形式的四大支柱。

1. 情感潜流，意蕴升华——停连

停连，指的是朗读语流中声音的中断和延续。声音中断处是停顿，声音延续处是连接。朗读时需要停连，因为人的一口气是有限的，句子长时需要稍停一下换一口气，调节一下气息。这样一来，朗读者在朗读时气息平稳、中气十足，保证了良好的朗读状态，听众在听他朗读时，也觉得富有美感。

为了突出强调某一种特殊的意思或情感所进行的停连，可以起到强调的作用。这种停连或在没有标点符号处，或在有标点符号处。

第四章　播音主持的吐字方式

2. 露滴荷叶，珠落玉盘——重音

我们把那最重要的词或词组，甚至某个音节，或者说，在朗读时需要强调或突出的词或词组，甚至某个音节，叫作重音。

3. 风起云涌，气象万千——语气

读文章也就是读句子，只有把每一句话读好了，整个段落或整篇文章才能读好。就朗读的语句来说，既有内在的思想感情的色彩和分量，又有外在的高低、强弱、快慢、虚实的声音形式。综合这两方面，我们称之为"语气"。只要有语句的出现，就会有语气。语气是"形"和"神"的结合体。

说同样一句话，产生的感情不同，语气就不同；语气不同，听众所理解的意思就不同，如果一段话真心想表达赞美之情，若语气阴阳怪气，就会被听众误解，中心思想也会大大偏离。所以，"语气"在朗读时不容忽视。

4. 舒而如云，疾而如驰——节奏

节奏一词常出现在诗词中，因为"节奏是诗歌的生命，是诗的音乐性特征中最主要的因素"。众所周知，中国是诗的国度，中华诗词之美首先体现在语言文字上，诗词有严格的格律韵脚，独体单音和平仄四声的特征使诗词具备了一定的节奏与声音美感。张颂教授把朗读中的节奏说为，"由一定的思想感情的波澜起伏所造成的，在朗读全篇作品过程中所显示的，抑扬顿挫、轻重缓急的声音形式的回环往复，就是节奏"。节奏也分很多种类型，有舒缓型、低沉型、高亢型、凝重型、轻快型等，这些不同的朗读节奏也暗示对应的朗读情感。

（二）文艺作品播读中的吐字归音运用

播音主持艺术中，对文艺作品的朗诵是很重要的一部分，其中包括对文学作品进行朗诵，给纪录片或是专题片配音等。文艺作品中的广播通常更注重情感的传达，它需要有一定的韵味和情致，要有一定的意境美，所以在语音上要有自己的特色。

首先，说话的速度一般都比较缓慢，尤其是某些专题片和纪录片配音，因此有更多的时间来呈现"枣核形"的整体发音。

其次，在文艺作品的播读中，吐字的归声控制更加精细，字头、字尾更加简洁，字腹的开度也比较大，而且往往带有某种节奏感。

最后，由于文艺类作品具有较高的艺术性，所以更注重技巧，如吐字、声调等。有些人讲究工整，有些人追求淡雅，有些人则追求豪迈，在吐字的使用上，他们会表现出或拘谨或圆融或洒脱或舒展的不同特征。

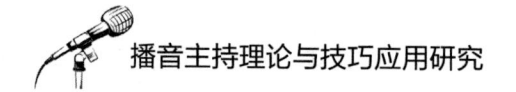

三、吐字归音与广播电视口语表达

（一）口语表达的社会价值

口语表达能力的价值一直延伸至今，口语表达的作用关系到社会乃至整个国家的发展，它的作用绝不止眼前逞一时口舌之快，而是广泛而深远的。国家由人民构成，社会由人与人之间联系交际产生的无数团体组合而成，社会的发展除了需要物质生产外，还需要文化流传，社会舆论可以影响人民的精神内核，乃至社会和国家的发展走向。

（二）广播电视口语表达中的吐字归音运用

广播电视中的口语表达是指"现想现说"，即在没有任何书面材料的前提下，现场进行语言组织。这种口头表达方式与有稿子的情况不一样，由于没有现成的稿子，要一边思考一边说话，往往很难斟酌，而且语言表达的咬字也有其独到之处。

第一，从整体的咬字情况来看，松散程度要低一些，咬字时的动作幅度变小，而是更注重咬字的精准，给人一种轻盈灵动的感觉。

第二，注意力的单位通常是在思考和说话时所使用的词语。在人类的脑子里，最小的单位就是词语，而不是单个的字。在现代汉语中，多音节词占据了大多数，所以在咬字时，注意力的单位也就变大了。

第三，即兴口语与有稿播读相比，其语速变化较大，不像有稿播读那样基本是均匀的，因此咬字的力度要根据语速的变化而变化，慢时紧，快时松。

第四，在即兴口语中，咬字的力量有很大的变化。

在广播电视口语表达中，要特别重视上述内容，还要有较好的吐字功底。

在使用口头语复述时，首先要逐步地熟悉和习惯"边想边说"；其次，要注意口齿清楚，"嘴皮子"不能太松，"吃字"也不能太紧，尤其是当思想不顺畅时，要格外留心；再次，在语速上，可以分阶段处理"吐字"与"措辞"难以协调的问题，逐步实现"心口相随"，使思想生动活泼，讲话干脆利落；最后，逐步增加复述训练的难度，使口语表达和发音的持续性和稳定性得到锻炼。

第四节 播音主持的吐字归音训练

一、吐字归音训练概述

打下一个良好的吐字归音基础，将受益终身。当然，吐字归音练习也是一项长期而持久的重复练习，只要坚持，一定会有效果。俗话说，"重复是有力量的"。在主持节目时，若发音不稳，就会出现"吃字""字词含糊"等问题。这不仅会影响到整个节目的播放效果，还会让观众质疑主持人的专业素养。

一般来说，在学校里，学生要经历很长一段时间的吐字发音训练，但这并不意味着毕业后就不用练了，必须持之以恒地进行练习，这是一个漫长的过程。有句谚语："一天不练，自己知道；两天不练，老师知道；三天不练，观众知道。"吐字归音的训练有多种方式，可以通过练习口部运动来提高唇舌的能力。利用工作之外的空闲时间就可以进行锻炼，而不必耗费太多的时间，每天抽出5分钟，练习一下口部操，对于提高嘴唇的控制力会有很好的效果。单词和绕口令的练习，也能使发音变得更加精确，使播音语言更加流畅，声音圆润、饱满。另外，也可以练习背诵古代诗词，注意字末的收音要弱收到位。

二、播音主持吐字归音的技巧

（一）首声清晰有力，话语力度十足

与英语、法语等语言的发音不同，普通话乃至地方方言都有"进化"的过程。举个例子，英语里的一个词要用几个音节，而在汉语里，一个字在一个特殊的上下文里只能发一个音。但仔细观察，能发现更多惊人的秘密。汉语的语音是由声母和韵母构成的，汉字在整个发音过程中要充分地体现出声母、韵母的音节，以保证发音的清楚。通常情况下，声母与开口时的口形有着直接的联系，而韵母则是由声母到主元音的"过渡中成区"，两者的组合和变化形成了最后的发音。因此，在发音的时候，一定要保证第一个音节的清脆、有力，这样，就可以保证每一个字都听起来有力量。

在发音训练中,要围绕"开口、齐齿、合口、撮口"进行"韵母呼出"训练,可以有效改善声母的音色。需要注意的是,声母和韵母配合的声音必须一气呵成,如果中途有停顿,发音时间过长,就会造成音色不清,或者发错音。另外,在字头上要注意"力度"的准确,而不要盲目地提高音调,以免造成发音不协调。有些汉字的发音比较特别,在发完第一个音符后,要在嘴里"收住不放",这个过程需要面部肌肉的配合,最后"弹出来"的音符才能更有力,发音也更流畅,不会有一丝拖沓的感觉。

(二)尾声音调完整,指向性鲜明

每一个汉字发出的声音,都会在很短的时间里,变得越来越虚弱,而"气息"也会随着说话人的呼吸而减弱。所以在这个阶段,很可能会出现"收音"不够好的情况,造成"有始无终"的发声过程。

如果发声者的呼吸不够好,那么他的声音就会出现尾音残破、声调变形等情况,甚至会影响到整个句子的表达效果。所以,在平时的训练中,要重视"尾音收控",这样才能让表达具有明确的指向。

总体而言,一些练习者把发音训练的重心集中于第一声,中间过渡期也能较好地掌握,但常常忽视了尾音的重要作用。为了避免这种情况的发生,主持人在说话的时候,可以将舌头控制在特定的牙间位置,这样就不会把"强"和"弱"的声音区分开来,而且还能保留一些发音的"余劲",让最后的尾音变得更加清晰。

(三)调动全身力量,做出最佳处理

播音员主持人员发音不能仅靠口腔和喉咙,而是要将全身所有的力气都用在发音上,这样才能让自己的声音变得更好。

在电视新闻节目中,主持人"正襟危坐",身体笔直,头朝前,肩膀和背部进行支撑,腹腔的力量顺着呼吸道向上,到达咽喉,稍作停顿,就会将发出的声音传递到身体之外。在这个过程中,首尾、字腹、字尾由三个要素构成,可以被称为"枣核形态",它们分别与身体各个部分的力量相对应。

其中,与字头相对应的是喉咙处发出的最强音;而字腹处延续着腹腔积蓄而至的气;字尾处残存舌尖的余力。通过这种发音训练,主持人的发音肯定会有很大的提高。

三、播音主持吐字归音的训练内容

（一）唇舌训练

1. 唇练习操

唇部控制对音准、音色、力度的把握起着关键性作用，唇练习操可以增强唇部肌肉的灵活性。

第一组是推拿嘴唇。用两手的食指按住上唇人中两侧的肌肉，分别向顺时针和逆时针方向推拿各十次，然后用同样的方法推拿下唇人中两边的肌肉十次。

第二组是口腔运动法。紧闭上下唇，打开咽喉部，口腔内部做扩大、缩小，再扩大再缩小的循环动作，如同在吞咽一般，每天如此重复一分钟。

第三组是双唇运动法。将上下唇闭拢，向前嘟嘴，嘴角向后收，让嘴唇做一前一后的反复运动。接着下唇包住上唇，上唇包住下唇，交叉进行一分钟后，用上牙刮下唇，下牙刮上唇，交叉进行至少三十二次。

第四组是爆破音训练（打啵儿操）：上下嘴唇尽量内包，用挤的力量把唇肌爆破出来，发出"啵"的声音。如果上唇肌力不够，声音是不清脆的，有些人甚至不能发出这种爆破音，多锻炼就会有好转。

2. 舌练习操

口舌类的技巧一般是舌尖与上下腭、上下齿和上下唇的接触，所以要提高舌尖的敏捷度。而舌根又对整个舌头的前后位置起着控制作用，因此对舌根的训练也非常重要。

吐音是主要的口舌类技巧，在进行舌练习操时，闭住上下齿，发出"搭嘎搭嘎"的声音，以四个音为一拍，重复十六拍为一次，共做八组。训练时，舌头靠前做四次，靠后做四次。

舌体上抬训练：将口香糖嚼软之后，放在舌尖上，上抬顶住硬腭，将口香糖薄薄地摊在整个上颚，就像一个大饼，如此反复。

弹舌训练：将舌顶住上颚，迅速离开上腭发出像马蹄的"哒哒"声。每组做二十次，每天三组。弹舌训练可以锻炼到舌前部和中部的肌肉，能帮助舌上抬。

（二）口腔"静态"训练

"a"是元音中口腔开度最大的一个，为了改善发音时的口腔环境，可以采用"a"和其他五个舌面元音的语音进行静态调节，达到触类旁通的效果。

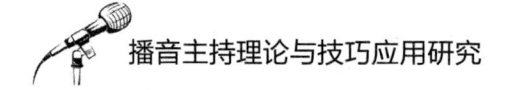

1. 触类旁通训练

可运用日常生活中的常规情境，结合气息、发声，以"啊"来调动、宣泄各种情绪，以"啊"的形式将全部的语意、语调表达出来，带动提颧肌、打牙关、挺软腭、松下巴以达到对口部的静态控制。

2. 元音"立腔"训练

a、o、e、i、ü、u这六个元音在普通话发音中具有特殊的地位和功能，被称作"六根柱子"。所以，在六个元音的基础上，进行发音的静态控制训练是学习发声的必要环节。

（三）口腔"动态"训练

1. 吐字力度训练

语音的正确发音至关重要。成阻部位的点状接触要经过精心的控制和强化训练才能达到艺术语言的要求。如果只有口腔开度却没有唇舌力度，声音则空、浑，会严重影响字音的清晰度。

2. 归音"动程"训练

唱歌和说话的时候，都需要用到韵腹，但是因为在结尾时，唱腔的时间要比说话的时间长（节拍），所以可以很好地理解字腹拉开立起、归音趋向鲜明的过程，尤其是前、后鼻音等韵尾的归音，只有在较长的乐拍或乐句结束时唇舌才会归位。这一阶段的训练，除了在发音练习中加入短语、绕口令之外，还可以通过"说唱"的形式来感受同样的时间单位。

第五章　播音主持的发声方式

播音主持的发声是一种难以学精的专业声音技巧，将其核心价值简单概括就是"声准"和"声美"。主持人一方面要让观众清楚地掌握要展现的信息，另一方面，要让自己的情感通过声音更好地传递给观众。因而，学习和研究正确的发声方式和技巧是主持人需要重点关注的。本章分为播音主持的发声类型与要素、播音主持的发声机理、播音主持的发声训练三部分。

第一节　播音主持的发声类型与要素

播音员和主持人在发声过程中要高度重视发声技巧，由于他们是声音的传播者，因此他们的发声过程是具备显著的特征的，不仅要保证声音清晰圆润，还要保证声音虚实结合。

一、播音主持的发声类型

大家在发出声音的时候，喉咙的状态是不固定的。喉咙两边的声带能够合在一起，也可以打开，声带自身能够变长或缩短。由两边声带构成的声门能够产生形态转变，从而产生不同的声音。伴随着气息的推动，声门形态的转变能够形成不一样的声音，产生不同的发声类型。其中，正常嗓音、气嗓音和挤喉音这三种都是较为常见的发声类型。气嗓音有时也被称为松音、松弛音、低语音、送气音；挤喉音有时被称为僵硬音、紧音、喉化音、声门音、气泡音、紧嗓音。

另外一些术语，例如，粗糙音、刺耳音、会厌音等，通常用来指那些涉及声门上收缩的嗓音。此外，尽管假声在语言中一般不具有区别词汇意义的功能，但是也有一些研究和报道提出假声这一特殊嗓音发声类型在我国部分语言或者方言当中也有体现。在这些文献中，假声的判定标准仅为基频高。然而，相对于正常

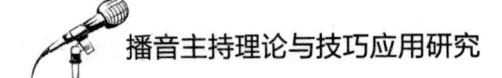

嗓音而言，假声除了具有基频高的声学特性，其还具有较高能量的谐波少和音强低的特点。需要注意的是，松紧这对术语在被用来描写嗓音的对立时很容易引起误解，因为这对术语通常是用来标示元音的舌位的，在表达嗓音的区分时，松紧是一对相对概念，不同语言中的松紧所指的嗓音类型亦不同。

在以往研究中，声调语言指的是那些利用音高来区别意义的语言，例如，汉语普通话采用四个不同的音高曲线来实现词义的区分。另一种情形是域语言，其与声调语言不同，它利用发声类型来实现词义的区别。

二、播音主持的发声要素

（一）音高

1. 播音主持发声中音高的使用

对播音员、主持人而言，使用好自己原本的声音至关重要。音高的使用与大家的说话习惯有关系，其实在说话的过程中，大多数人都没有对自己现有的音域进行充分、合理的运用。如果发声较为单调，没有明显的音高变化就说明声音使用的范围太过于狭窄，因而对于播音员、主持人来说要尽可能地改变自己的说话方式，把现有的音域运用恰当。当然对于音高的使用，不同的播音员、主持人各不相同。

（1）新闻主持中的使用

由于新闻类的稿件具备规范性、严谨性，因此新闻主持的发声应该具有庄重性，应该是规范正式的，那么播音员、主持人在播报新闻的时候就需要掌握以下几点要求：字头叼住弹出，字腹展开呈"枣核形"，字尾弱化归音，语速要快不能拖拉，少停多连，重音少而精。除此之外，在新闻语体中，也不该夹杂过多的个人情感，需要做的就是将新闻资讯传递给所有的听众，因此在音高上的要求是选择自如声区也就是中声区。

（2）文艺作品中的使用

在融媒体时代，电视剧、电影、网络剧比比皆是，由此配音行业逐渐风生水起，许多"声音大佬"渐渐浮出水面。据了解，现在大部分影视剧都不会采用同期声，而是使用后期配音。一是因为同期声的现场收声质量远不及后期的效果，二是采用后期专门人声配音也能更好地表现出画面中的人物情绪。因此在这种情况下，音高的使用要根据当时的场景、情感进行转变。

2. 播音主持发声中音高的作用

在播音主持发声中，不管是音高的变化还是对于重音的强调，都是播音员、主持人为了能够更好地发声而做的调整,其实调节音高的变化不仅可以让语调更加鲜明,而且能让播音员、主持人的声音更加生动。因此,哪怕有些语言本身对于音高没有太高的要求,但是也需要播音员、主持人在发声过程中利用音高的变化让自身的发声更加流畅、生动,从而达到吸引观众、打动观众的目的。

(二) 音色

1.播音主持发声中音色的使用

在播音主持发声中,通常以较为柔和的声音音色为主,这种音色与我们的正常嗓音类似,让听者能够感到放松、愉快。因此,这种音色在一般平和的感情当中都会体现出来,和一般人在谈及感兴趣的事物时用的音色一致,声音是不带有压迫感或者紧张感的。值得一提的是,播音员、主持人在初学的时候应当找到这一音色,并以这一音色为基准,然后根据感情色彩的变化,灵活使用其他各种音色。

2.播音主持发声中音色的分类

根据声门开度和摩擦声程度的不同,我们可以将播音主持发声中常用的音色分为以下几类。

①实声。实声与发声类型中略微绷紧的正常嗓音类似。实声的发声方式是声门闭合较紧,无缝隙。发声声音明亮,无气流摩擦声。但是需要注意的是,过紧的实声会产生紧张的挤压音色。

②虚实声。虚实声与发声类型中正常嗓音和少量气声的结合类似。虚实声的发声方式是声门较放松,略有缝隙。发声声音柔和,略有气流摩擦声。

③虚声。虚声与发声类型中的气声类似。虚声的发声方式是声门未闭合,有缝隙。发声声音发虚,气流摩擦声较大。需要注意的是,声门如果过度张开,会产生只有气流摩擦声的气声音色。

由此,我们可以发现,音色与主持人要表达的情感关系密切,在不同场合、不同情绪的发声中,要运用不同的音色。例如,在较为严肃的情况下,就要运用实声这种音色而不能用虚声。当然,在感情和声音的变化中,音色的类型不是只有这几种,还有很多细微的变化。因此作为播音员、主持人一定要了解音色与情感之间的联系,从而能够更好地在发声中运用音色的变化,达到更好的效果。

（三）音长

1. 播音主持发声中音长的原理

对于播音主持发声中音长的理解，我们可以从三方面进行阐述：首先，音长可以反映语流中音节发音的长度；其次，音长也可以反映发声人肺活量的大小；最后，音长还可以反映发声人呼吸时间的长短。音长的要求对于播音主持来说是非常重要的，它对发声人咽喉的耐受力有一定的要求。因为为了发出足够的音长需要发声人的喉部具有维持长时间发音的能力，如果发声人喉部耐受力比较差，那很容易让发声人的喉部产生疲劳感，喉部疲劳感的产生会大大影响发声的声高、音色，让发声人的声音缺少层次感，变得单调无力。其实，喉部的耐受力也是可以通过训练进行改善的，因为它与发声人的呼吸，以及声门的状态都有关系。

2. 播音主持发声中音长的使用

①在播音主持中常常会出现句子较长、中间的停顿比较少的情况，因此，发声人需要一次性说很多话，从而导致每次呼吸后的发声时间都会比较长。为了避免在发声中出现气息不足，导致出现失声的情况，就需要发声人具有较强的呼吸能力，从而满足稿件中长句子的发声要求。

②在播音主持的过程中也会出现连续发声时间过长的情况，不管是新闻类还是综艺类节目，发声人的连续发声时间可能会达到半个小时甚至更久。这就与前文所提的喉部耐受力有关了，虽然不用一口气说完，但是这种情况就更需要发声人的喉部具有良好的耐受力，否则就会出现声音沙哑的情况。

③播音员主持人的职业特征，对发声人语言表达的多样性和生动性都有很高的要求，这就需要发声人具有调节发声速度与频率的能力，也就是说，通过音节的长度变化来调整语句的速度变化，从而适应播报的节奏，展现发声人的语言魅力。但是需要注意的是，发声人的性格、情感以及所处的环境，甚至发声人自己内心对于时间的控制都会影响其发声的速度，而且由于声音的传播，在一定程度上，发声人的发声速度会与听者听到的结果有细微的差别，这就需要发声人具备良好的心理素质。

（四）音量

1. 播音主持发声中音量的原理

在发声过程中，音量的大小与发声人声门的控制关系密切，声门压力越大，

第五章　播音主持的发声方式

声带的振幅就越大，声音音量也随之增大。但是需要注意的是，发声人的音量如果加大，那么气流强度也会随之增加，因此对发声人的呼吸就会有很高的要求。但是，在一般情况下，播音主持发声的音量并没有严格的要求，如果其他方面合格，音量的大小基本上都不会影响发声人的发声。因为播音员、主持人使用的话筒以及其他电子设备都具有调节声音大小的功能，也就是说，如果发声人发声音量过大，通过设备的调节可以将音量降低；反过来，发声音量过小也是可以进行调整的。

2. 播音主持发声中音量的使用

①由于讲述或者转述是播音主持常用的发声方式，所以在发声过程中基本上不会有很强烈的音量变化。

②由于发声人与听众的距离在播音主持中基本上是固定不变的，因此不需要发声人通过调整自己的发声音量去帮助听众更好地收听。这其实与我们的实际生活类似，如果我们保持固定的距离交谈时，基本不会改变自己的音量，使声音忽大忽小，如果这样也会让对方感到困惑与苦恼。

③音量的大小可以通过话筒或者电子设备进行调节，但是发声人也要保持自己的发声音量在正常范围内，一些设备对于过小的声音可能并不是很敏感，就算放大也可能会影响声音的音色；反之，过大的声音又会造成声音失真，这就类似于我们去用话筒唱歌，大声的时候会产生喷麦的情况。因此，为了避免这类情况的出现就需要发声人控制自己的音量以及调整对于话筒的使用。例如，发声时如果需要呐喊，那发声人就可以把话筒拿到稍远的地方，回归正常嗓音时再把话筒拿回来。因此在播音主持过程中如果有音量的变化需求，发声人需要注意这些细节，避免产生声音忽大忽小的突兀感，要细致地处理发声音量的变化，但是也并不是说忽大忽小的发声音量是完全错误的，要具体情况具体分析。

④一般来讲，我们会觉得音量越大，越能带动听众们的情绪。但是实际情况并非如此，较小的音量的变化反而更加容易取得明显的对比效果。这取决于人耳的听觉特点。人耳对于声音强弱的感觉来自听到的响度，响度与我们所说的大音量不同，它与声强的变化成正比，并且存在 1∶10 的比例，也就是说响度想要增加 1 倍，那声强就需要增加 10 倍。所以如果发声中用大音量时，想要突出明显的音量变化或者情绪变化则需要较大的力度，但是发声中用小音量时则相反，往往只需要增加一点力度就可以让人耳察觉到明显的变化。因此，不管是在表达什么情感，都需要发声人对于自身发声的音量有合理的运用与调节。

第二节　播音主持的发声机理

一、播音主持发声原理和规律

人体发声器官进行运作产生的生理现象以及通过运用气息和声带振动产生的物理现象最终形成了人声。因为人体发声器官与乐器不同，不是坚硬的物体，而是柔软的肌肉韧带，发声方式与乐器也完全不同。例如，古筝发声是拨弄琴弦，使琴弦通过振动与筝体产生共鸣最终发出声音。但是人体的发声器官并不是通过随便地拨弄两下就可以发出声音的，它也没有琴弦那么好控制。在整个发声过程中，我们需要通过感知去调动我们身体的各个部位，然后通过听觉系统反馈给大脑，以确认发出的声音是否合理。因此，播音员、主持人首先需要了解和研究发声器官的构造和发声的简单原理，这样才能更好地掌握发声器官的运动规律，进而能够科学有效地练习和掌握塑造声音的技术技巧。

（一）播音主持发声原理

有人说，人的咽喉似管乐器，又似弦乐器。咽包括鼻咽、口咽、喉咽，当人体发声时，空气自肺部穿过喉部，触动声带构成的语声激发器，声音通往头、鼻、口、胸各部引起共鸣，从而形成不同的声音支点(支撑点)。发声器官由下列各部分组成。

1. 呼吸器官

鼻子、咽喉、气管、肺脏、胸腔、横膈膜等这些都是呼吸器官，人体通过这些器官完成呼吸的过程。其中"呼""吸"的总机关便是肺脏，它附着于胸腔，被肋骨包围，在横膈膜上面，所以胸腔的大小变化受肋骨与横膈膜的影响。胸腔扩大是因为肋骨张开以及横膈膜向下伸展，这个时候声音随着气息徐徐发出，这就是我们播音发声的基本动力。

2. 喉头和声带

声带是发声的发音体，随着发音体的振动，声音就形成了。声带位于喉头中间，性质相当于坚实的韧带，表面被一层具有弹性的黏膜所覆盖。两片声带左右并列，而声门就在声带中间。喉头是一个精巧的小室，由软骨和肌肉组成，这些软骨和肌肉的相互作用使声带得到调节,吸气时,两声带分离,声门开启,吸入气息;声音能够产生高低、强弱的变化就是因为在发声时,两声带相互靠拢,在与呼吸密切配合下,调整其长度、厚度和张力。

3.嗓音共鸣器官

嗓音共鸣器官分为喉咽、口腔、鼻腔和头上的"窦"等。发声时,依靠这些腔体的共鸣作用,扩大和美化我们的嗓音。咬字器官包括唇、齿、舌、下颚、上颚(软腭和硬腭)等,这是咬字、吐字和形成语言的器官。当然,声音是否优美还需要有一个反馈,即需要听觉感受器官及时调整声音的变化。当气息由肺部经支气管、气管呼出时,两声带闭合,气息对声带的冲击,使声带振动发声,音波又在各共鸣腔里得到调节和扩大,进而发出响亮、优美,具有语言特征的歌唱性的声音。

概括起来就是,呼吸是发声的动力,喉头、声带是发声的音源,各个共鸣腔的组合和调节使声音得到了扩大和美化。

(二)播音主持发声规律

播音主持的发声应该有高低、强弱、明亮和暗淡之分。声带振动频率的高低决定了发声人声音的高低,声音低,则说明声带振动的频率低,反过来,声音高,则说明声带振动的频率高。发声位置的高低决定了声音的明亮和暗淡,位置高则声音明亮,低则暗淡。因此,为了发出不同的声音,就必须对发声器官进行相应的调整。例如,想要发出高音时,就需要发声人增大自己的呼气压力,让自己的声带变薄,这样的话张力就会变大,进而轻松地发出高音;反之,想要发出低音时,发声人需要减小自己的呼气压力,让自己的声带变厚,这样的话张力就会变小,进而轻松地发出低音;想要发出强音,发声人就需要增强自己的呼吸气势,增大声带的振幅;想要发出弱音,发声人就需要减弱自己的呼吸气势,降低声带的振幅。相对来说,想要发出明亮的声音需要头腔共鸣,也就是说发声人的发声部位一般处于较高的位置;而想要发出黯淡的声音需要胸腔共鸣,发声人的发声部位一般处于较低的位置。没有受过正规训练的人,往往会认为喉部的肌肉就是调节声音的唯一器官。其实,播音主持的发声是在各个器官的协同配合中产生的,也是具有一定的规律性的,因此,把握住播音主持发声的规律在一定程度上可以取得更好的声音效果。

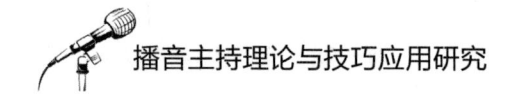

二、影响播音主持发声的主要因素

（一）先天因素的影响

任何人与生俱来都是有一定的差距的，这一点在播音主持行业尤其显著。播音员、主持人的发声能力与自身的发声器官有着十分紧密的关联。发声器官的好坏直接影响发声人的发声工作。因而，从这一方面来说，播音主持也是一种对播音员、主持人的天赋有相应要求的职业，但这并非代表着普通人就不可以从事播音主持工作，对于先天嗓音不是太好的人，以及想要提高发声水平的人可以通过合理的发声训练提高自身的发声能力。

（二）发声发音技巧的影响

"掌握正确的方法，就已成功了一半。"这句俗语放在播音主持发声训练这里也很合适。虽然先天因素为我们的发声条件奠定了基础，但是它并不是决定因素，如果天生嗓音条件好，但是后续不加以维护、训练，也不能把这个优势完全地释放出来。同样，先天嗓音条件不好的人也可以通过科学的方式进行发声训练，在练习的过程中结合自身的声音特点进行调整，找到最适合自己的发声方式。

（三）自身艺术感觉的影响

播音主持的发声过程也是一种艺术，良好的发声不光需要语言清晰、音色优美，更需要播音员、主持人将稿件中的情感、意境完美地表达出来，与听众形成情感共鸣。这个部分可不像说好普通话就行那么简单，达到完美的表达是很难实现的，需要播音员、主持人为之奋斗终身。因此，播音员、主持人需要在日常发声训练过程中不断学习和思考其中的艺术内涵，提升自身的文化素养，学习、借鉴其他优秀播音主持艺术家的经验，并将其更好地应用到实际的播音主持工作中，为听众呈现出更好的语言艺术作品。

（四）自身性格的影响

经过不断的训练和实践活动，每一个播音员、主持人都会展现出不一样的主持风格。值得一提的是，这种风格不仅包括发声人自己的声音特色，也展现了发声人自身的性格特征。例如，沉稳、含蓄的发声可能来自一些性格比较内向、稳重的发声人。快乐、灵动的发声可能来自一些性格比较活泼、开朗的发声人。但是需要注意的是，作为一名合格的播音员、主持人，在发声过程中不能被自己的性格带偏，一定要根据自身的发声场合、发声内容进行合理有效的调整，因此需要发声人具备控制自身情感的能力。

（五）其他因素的影响

除了前面所提及的因素，播音员、主持人的发声也受到很多其他因素的影响。例如，受到方言的影响，在一定程度上会导致发声人自身的发音存在各种问题，并且不容易纠正；又或者受到自身学习和生活环境的影响，导致学习意愿降低、身体素质下降等问题。这些因素的出现都会给播音员、主持人的工作和学习带来一定的困扰，因此，播音员、主持人应该结合自身实际情况，努力克服困难，提升自身的语言发声能力，用更好的状态服务受众。

第三节　播音主持的发声训练

一、播音主持发声训练的重要性

"发声"是播音员、主持人的首要武器，也是一种重要的表达手段。播音主持相比其他行业更为注重发声的训练。能否有效地驾驭自己的声音是评定播音员、主持人合格与否的主要依据。作为播音员、主持人，需要注意发声不能大起大落、用声方式不能单一僵化等情况，既要保证声音变化幅度不要过大，同时还要清晰地体现出声音变化的层次感；发声要以实声为主、虚声为辅，虚实结合，才能让发声更富有感情色彩。

播音发声是播音主持的灵魂，播音主持只有有了灵魂，才能让观众随着播音员、主持人的一举一动逐渐参与到节目中来。播音员、主持人要把逻辑正确的观点通过播音发声这一方式传递给观众。无论是广播媒体节目还是电视媒体节目，观众接收节目信息的主要方式不外乎"听"。在播音主持过程中，发声人对于发声的控制尤为重要。在播音主持中，播音员、主持人的声音将直接关系到节目创作的成败。在电视、手机等各种电子设备日益普及的今天，播音主持的质量应该全面提高。

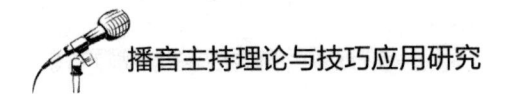

二、新时期播音主持的发声要求

(一) 发声声音应规范

播音主持的覆盖面很广，听众、环境也各不相同，这就要求发声人在发声过程中要保证发音清晰准确。由于播音员、主持人的特殊身份，其言行会对社会产生一定的影响，因此，他们的发声需要更加规范、有感染力。

(二) 发声声音应有特点

由于每个人的发声条件不同，每个人产生的语音特征也会有所不同，因此发声人要找到自己的发声特点，并进行适当的调整，提高自己的发声能力，以便在发音实践中找到最佳的发音。

(三) 发声声音应有层次

发声人在进行播音主持工作时对于音量的要求不高，但是声音也不能一成不变，要富有层次感。因此要适当调节声音的幅度，但是需要注意，这个幅度不能过大或过小，如果幅度过小，声音就会缺乏层次感；如果幅度过大，则会使听众感到突兀，也会影响声音的清晰度。所以发声人在发声的过程中需要合理控制，为了表达出更丰富的情感，可以增加声音的层次。

(四) 发声声音应清晰

利用播音员、主持人的声音向听众传达相应的情感和相关的信息是播音主持工作的根本目的，因此为了能让听众拥有好的收听体验，发声人必须清晰地发音。如果发声人的发音有问题，那么会导致一些关键词因为发音不清楚，而影响信息的传递。除此以外语句表达也要清晰，同样的字词在断句不同的情况下意思会大大不同，甚至出现完全相反的情况。

总的来说，在播音发声的过程中，单纯地依靠课堂上的学习和训练是远远不够的。除了课堂上老师的悉心教导和纠正之外，还要靠发声人自身的努力，不仅要在课堂上认真学习，还要在日常生活中养成良好的语言习惯。

三、播音主持发声训练中的常见问题

（一）发声教学缺乏实践性

随着播音主持行业的快速发展，对优秀的播音专业人才的需求也在与日俱增。不过能够达到要求的寥寥无几。究其原因，在于目前很多大学对播音主持的教学都是以理论为主，而忽视了实际操作，导致播音主持教学缺乏实践。高校对学生的实训教学存在着两个问题：一是师资缺乏，二是基础设施不健全。教师由于教学经验不足，只能单纯地教授书本上的知识，而学校也不够重视发声技能的培训。学生学习所需的专用器材也极为缺乏，使学生们得不到充分的训练。

（二）发声器官控制问题

1. 舌头

众所周知，我们口腔中最灵活的发音器官就是舌头。舌头在口腔中的蠕动，能够与很多部位形成闭环，因此，舌头的功能非常强大，我们可以通过舌头来改变口腔共鸣器的形状，从而发出不同的音色。总而言之，人类想要发出复杂的声音就必须依靠舌头的活动来改变共鸣器的形状。所以，我们对于一些吐字不清的人会戏称其为"大舌头"，这都是有依据的。但是在发声训练过程中，即使舌头正常，也会出现发音不准的情况，这就是因为发声人的舌头用力出现了问题。

（1）只舌尖用力

在发声的时候只舌尖用力的情况在女生当中比较常见，即口腔内部只有舌尖用力，但是整个舌头都处于平直状态。嘴唇是口腔用力的重要部位，在发声的过程中嘴唇会不自觉地用力，导致声音基本都偏前、偏尖，这也说明了为什么有人发"j、q、x"这几个音时会出现尖音的情况。

（2）只舌根用力

舌根用力并且抬起会导致声音靠后的情况发生，声音靠后就说明共鸣区域比较靠近口腔的后端。我们也可以通过实验加以证明，放松自己的身体，然后慢慢张开嘴巴，注意体会自己的舌头是否有动作。科学的发声要求不管我们如何开合口腔，舌头都是稳定的，如果开口时舌根抬起，就会导致气息被隆起的舌根阻碍，最终在口腔后端产生了共鸣。

2. 喉部

一般来说，声音音高比较低是因为发音体振动慢、频率低；反之，声音音高比较高是因为发音体振动快，频率高。所以，发声人需要通过控制自己的声带来改变自己的音高。播音发声时，两条声带是轻松靠拢的、松弛的，并不是紧密闭合的，所以从感觉上讲，喉部要放松，喉部肌肉与肺呼出的气流协调配合，自如灵活地运动。因此，放松喉部是提高发音效率，发出悦耳并且让人听起来舒服的声音的关键。但是，很多时候发声人对于喉部的练习都不正确，由于喉部没有放松，所以发声人用上气息之后，气流都堵在了喉部，声音就会变得拥挤、不通畅。需要注意的是，虽然我们要求喉头相对放松，但是不是越松越好，有的发声人发出的声音听起来松散、喑哑，有一种有气无力的感觉，就是因为喉部太松。如果喉部过松，气息压力就很小，声带的运动就无力、松懈，就会导致这种情况。所以播音发声时，喉部控制的最佳状态是一种积极而放松的状态，在这种状态下，发声人在发声过程中能够感觉到气流是非常顺畅地通过喉管的。

理想的声音效果是所有播音员、主持人都想要达到的，但是往往发声人都会走入一个误区，会出现压喉和捏挤喉方面的问题。

女生常常会有捏挤喉部的习惯，一方面是因为大部分女生认为高、尖、细、亮的声音比较好听，能够给人留下深刻的印象。因此，为了达到她们想要的发声效果，就会刻意地在发声过程中捏挤自己的喉部。另一方面则是因为她们对气息的控制不够好，在发声过程中只能用捏挤喉部的方法来控制气息，防止气流出现外溢的情况。但是，这种通过捏挤喉部发出来的声音往往特别刺耳，与自然的细、亮声音不同，让人听起来不舒服、不自然，最重要的是可能会使声带受到一定的损伤，严重影响以后的发声训练。

相对于女生，男生常常会有压喉的习惯，主要是因为大多数男生都片面地认为要保持低沉、厚实的发声。这种错误的想法导致一些男生的发声逐渐走向误区，他们通过压喉的方式来追求那种更加浑厚的声音。这种方法会导致喉部负担、声带疲劳度不断增加，也极易导致声带出现病变的现象。对于发声人的这种错误认识必须及时纠正，否则不利于其发展。

3. 下巴

我们平常开口说话的开度要比播音主持时小得多，需要注意的是，这里的开度大是指口腔中间的开合度大，不是嘴唇张大，也就是打开口腔要有提起的感觉。其实就是下颚放松的同时牙关要努力往上提，上颚的提起和下颚的放松有利于加大口腔的开合度，为字音的拉开立起创造条件。有些发声人打开口腔只是单纯地张大嘴，虽然牙关开了，却无法用舌说话了，其实改变这一现状可以采取闭着嘴打哈欠的方式。还有些学生认为提肌就是做成微笑状，这容易导致面部僵硬，其实颧骨肌稍有紧张的感觉就可以了。当颧骨肌提起时，口腔前部及上颚顶部有展宽的感觉，鼻孔也会略为张大，同时上嘴唇展开会贴住上齿，使唇的运动有了依托，这样力量容易发挥出来。这种方式会让我们的吐字归音更加清晰、明亮。开牙关的同时要放松下巴，如果下巴用力会使舌骨向后上方移动，喉部不自觉就会拉紧，声音通道变窄，一旦喉部肌肉紧张，发声自然就吃力，喉部的疲劳感也会加重。目前发声人训练的普遍情况是，开牙关就会出现下巴用力的情况，所以下巴和嘴唇动作夸张，声音变得紧张，即使用上气息也体现不出气息的作用。

4. 口腔

在播音主持的发声训练过程中，还存在口腔用力错误的情况，有些发声人曾经学过声乐，为了寻找高音位置，没有正确找到开牙关的方法，而是将力量集中在上颚的某个位置上，导致声音又挤又尖。我们的声音应该是挂在口腔中间，而上颚用力就导致声音被吊在了一个局部区域。这时候的训练就要首先放松上颚，避免气流集中在上颚的某个区域。改变这种发声状态，首先要学会放松下巴、打开牙关，吐字时保持一定的口腔开度，使得字音有条件产生共鸣；要加强对舌尤其是舌前部的训练，提高灵活度；要养成字音前送的习惯，可以多练习送气音，然后用"以前带后"的方法（先发送气音，感受并记忆吐字位置，再引导靠后的一些字音）进行训练；另外，提颧骨肌也有助于将声音挂在硬腭前部，增加字音的清晰度，改变闷暗的音色。

四、播音主持发声训练的技巧

（一）首声清晰有力，话语力度十足

我国普通话甚至是各地方言，都经历了多个阶段的"进化"，在这方面与英语、法语等语种的发音方式完全不同。例如，汉语中的一个字，在特定语境下只有一个音，但是英语中的一个单词，可能需要发出多重音。但是通过观察和研究，也会发现其中有很多不为人知的关联。声母和韵母组成了我们普通话的发音，因此每个汉字的发音基本都会充分体现声母和韵母的音节，只有这样，才能确保发音清晰。一般来说，准备说话时的口型与首字的声母有直接关系，帮助声母与主要元音之间进行融合就是韵母的作用，通过二者的结合与变化，构成最终

的发音。因此，在一定程度上，为了确保话语具有"力量"，首音清晰有力是在发音过程中必须要做到的。在发声训练时，为了有效地提升声母的音色，发声人应该围绕"开口、齐齿、合口、撮口"做"韵母呼出"练习。值得一提的是，必须一气呵成地完成声母加韵母的配套发声过程，音色模糊甚至发错音的现象基本都是在发声过程中出现了停顿，使发音过程拉长导致的。

此外，"力度"的精确是字头处的发音应注重的，但是也不是让发声人盲目提升音调，不然就会出现发音不伦不类的现象。当然一些汉字的发音比较特殊，发出声母的初始音色后需要口腔内保持"收住不放"的状态，此过程需要脸部肌肉的配合，而最终"弹出"的韵母将会具备更大的力度，并使得整个发音过程干净、通畅，没有一丝一毫的拖沓。

（二）保护嗓音

播音主持由于职业的特殊，发声就是其工作的主要内容，而发声内容主要来自稿件或者自身的腹稿，因此保持自然与平实是保障发声声音自然美的重要条件。那么为了维持声音的自然美，以及强化个体形象与扩大节目影响力，主持人一定要掌握科学的发声技巧。而要想掌握发声技巧，主持人首先要对自己所发声音中的不足有清晰的认知，并且采取针对性的手段进行发声方式的强化训练。当然，这种训练不是一蹴而就的，要保证训练的周期性，日常生活中为了使嗓音清晰也可以通过唱歌、说绕口令的方式进行练习，需要注意的是，在训练过程中也要尝试塑造个性化的主持风格，以风格强化声音的美感，而不要用日常说话的风格去练习，以免练习无用。此外，维持语言自然美的一个重要前提是保护嗓音，除了要正确发声以外，还要合理运用喉音，比如在发声训练时需要合理控制时长，工作时间要合理安排，不能过度用嗓，同时尽量养成不吸烟、不酗酒的良好生活习惯。

（三）控制声音的节奏与旋律

面对不同的发声内容，发声人声音的节奏与旋律也会有不同的变化。不同的节奏与旋律会给听众带来不一样的感觉，其实声音的节奏与旋律是不固定的，可以激昂奔放，也可以是舒缓平静的。因此，发声人必须控制好自己发声的节奏与旋律，通过控制节奏与旋律，让听众能够感受到发声人想要传递的情感，感受到播音主持的魅力。例如，轻快、明朗的节奏与旋律就比较适合新闻简讯的播报；舒缓、柔和的节奏与旋律就比较适合介绍人物；庄重、沉稳的节奏与旋律就往往会出现在播报重大新闻的发声中。因此不管是播报新闻还是主持节目，发声人一定要注意节奏与旋律不能从始至终一成不变，这样不仅不能展现播音主持发声的魅力，还会让听众觉得单调乏味，一定要根据内容以及播报的进程调整自身的发声节奏。例如，央视主持人董卿，她的发声过程就富有节奏感，得到了广大听众的喜爱。

（四）进行专业训练

1. 视听练声法

播音主持工作的声音特点是准确清晰、圆润动听、朴实大方、富有变化。其中准确与清晰是其基本要求，也是发声训练的第一要义。

"看与听"是视听练声法重点强调的，其中"看"的是正确发音的唇形、舌位与自己发音唇形、舌位的区别，"听"的是正确的发音与自己发音的区别，两者缺一不可。

首先，普通话发音的准确和清晰与普通话的声母、韵母、声调和语流音的变化有着密切的联系。声母是字音准确的基础，发声字音响亮的关键则是韵母，发声人舌位的前后高低、唇形的开齐合撮、唇舌齿颚的密切配合等都与声韵母的发音过程息息相关。如果发声训练的方法不正确，训练也就会事倍功半，甚至适得其反。发声人为了提高自己的发声水平就要解决自己的发声问题，想要更好地解决问题就要先发现问题。其中视听练声法的"看"就是为了发现问题，避免成为"差不多先生"和"我觉得女士"，一定要"眼见为实，反复体会"。第一，一定要对标准的、正确的发声位置进行足够的观察和感受，唇形的圆展、舌位的高低、舌尖的位置、共鸣腔的开合等都是需要练习者重点观察的部分；第二，练习者一定要观察自己发声时的口部状态与正确发声时的口部状态的区别，可以借助镜子等工具，增强自我指导，千万不要只是看了就说自己会了，一定要经过练习与实践。例如，练习韵母发声时，开、齐、合、撮四个基本唇形，很多学习者不能很好地掌握，造成语音失准，尤其是撮口呼。像"江雪""均匀""女婿"等词，学习者即使知道唇形应为撮起状，但在发音时因受错误发声习惯的影响，自认为已经撮起唇，但是依旧习惯性咧唇。此时，学习者通过"看"就能及时发现自己的唇形与正确的发音唇形相差甚远，也就便于纠正了。

其次，想要解决语音问题，那就需要练习者灵活运用视听练声法去"听"出语音问题。如果自己都觉得自己错误的发声是正确的，那肯定不能进行有效的改正。在现实教学环节，"看"往往是被忽视的，"听"常常是被抛弃的。在语言的学习中，"听"是语音模仿的开始，是辨析发声正确与否的手段。第一，听标准普通话字词读音示范，听规范的经典文学作品诵读，听流畅自如的口语表达范本；第二，将自己播读字词、诵读文学作品及即兴口语表达等内容录制下来，反复听辨；第三，将标准读音范本与自己录制的版本对照去听，从而去发现问题，进而解决问题。纠正普通话语音，"看与听"绝非"小儿科"，而是"大学问"。当然，视听练声法是纠正发声问题的关键一步，另外还需要学习者掌握发声位置与发声方法，从发现问题到刻意纠正，最终实现下意识的规范自然。

2.情景再现法

发声人在发声创作过程中调动自己的感情使其处于运动状态的重要手段就是情景再现法。换句话说，就是发声人需要在符合稿件要求的前提下，以稿件提供的材料为原型，把稿件中涉及的各种事物，如事件、人物、场景等——在发声人脑海中浮现，形成画面，并且在这个过程中添加进发声人的情感和态度。在练习发声的过程中，运用情景再现法可以激发发声人的形象感受，调动发声人的情感。

3.表情练声法

面部包括额面、蝶面（笑肌）、鼻、嘴、下巴，是人的一处最具戏剧色彩的部位。如果面部各肌肉群相对收紧，就会呈现声音低沉、宽厚的表达；反之，如果面部各肌肉群相对放松，就会呈现高兴、兴奋声音的表达。从这里可以看出，面部的表情影响着声音的表现。"圆润动听"是播音主持语音的特点之一，圆润动听与否又与吐字归音息息相关。在传统播音教学中，"提颧肌、打牙关、挺软腭、松下巴"能获取良好的口腔状态，"枣核型"的字音发音过程表述，也为学习者指明了练声方向。然而，在实际学习训练中，部分学习者依旧不能理解"提打挺松""枣核型"之要义，存在字音暗哑、声音冷淡、语句拖沓等问题。

其实，从表象倒推至实质的方法就是表情练声法，心理学中叫"具身认知"。具身认知，主要是指生理体验与心理状态之间有着强烈的联系，生理体验"激活"心理感觉。换句话说，就是人体大脑的感知会受到身体动作的影响，很多时候，是人们先有微笑的表情动作，然后才有开心的心理状态。那么，在"练声"过程中，学习者可以用"表情"唤起"心情"，以"表情"带动"感情"。有个成语叫"和颜悦色"，形容一个人态度温和，面露喜悦。如果把"和颜悦色"中的"色"解释为"音色"，那么"颜和色悦"也是成立的。因此，在一定程度上，练声表情也有一定的要求："提打挺松是前提、眼睛传情为目的，表情带着感情走，效果良好是第一。"实践案例表明，当学习者贯彻执行了上述方法，改变了发声表情后，声音也就随之改变了，能够帮助训练者找到积极、明亮、悦耳的声音音色。表情练声法可以在学习初期有效辅助解决学习者发声懒散、声音喑哑、缺乏亲切感等问题。在训练过程中，用"表情"带"感情"是第一步，"动真情""发心声"才是学习的最终目标。因此，如果发声人在练声时感觉"动真情"有点难，不妨先让"表情"带一带。

4. 语意练声法

训练者在练习发声的过程中也常常会出现"见字出声""追求形式流畅"的问题，其实这种问题看似简单，但是它不仅对当下练声时的效果有影响，更会对未来播音主持工作时的表达质量产生影响。中国传媒大学付程教授提出"用发声来带语音，用表达来带发声"，因此语意练声法既是在音准、声美基础之上提出的新要求，也是贯彻付程教授相关理论的新举措。"深入理解—具体感受—形之于声—及于听众"是播音主持工作的正确创作过程，没有深入理解、具体感受的过程，也就只能流于"见字出声"的形式。"理解"是弄懂播出内容的含义，"感受"是体会播出内容的情理。其中，理解是基础，感受是关键。语意练声法的提出，一是为了培育发声人养成良好的创作习惯，二是为了纠正"为练声而练声"的错误认识，实现"以练声促表达"。语意练声法的练习步骤是参照播音主持工作的创作过程来进行的，以实现"语意准确、语脉清晰"为目标。在练习发声时，要求训练者首先要了解句子的意义，体会它的语言情感，力求做到字字有意，句句含情，段段有理，篇篇有味。其次是声音外化贴切，贴近观众的情绪、体察听众的感受。在了解和感觉的情况下，用有声的形式来表现内容，并注意听众能否完全理解。最后是要兼顾局部和整体，掌握好练声与用声。语意练声法强调练声时的"局部"语意，更强调整体中的真实语意；语意练声法强调练声时的语意，是为了培养发声人用声时的良好创作习惯。"信息共享、认知共识、愉悦共鸣"是有声语言的三个功能；"传情达意"是播音主持工作的基本要求，是实现传播效果的根本保障。

5. 情感练声法

气随情动，声随情出，"情"是有声语言表达的内涵与依托，"以情带声"是有声语言表达时的正确途径。感情是运动的，声音是可变的，这两条是取得声音弹性的必要条件。声音的可变又要依靠发声人的气息自如、喉部放松、口齿灵活。运动着的思想感情是声音弹性的内在依据，是取得声音弹性的先决条件。练声时，学习者在实现音准、声美、语中有意之时，也必须要做到语中含情。需要注意的是"以情带声"的实现，绝非一朝一夕之功，而应在学习之初、练声之时，养成良好的表达习惯。练声时对于语言的"无动于衷"，势必造成播音主持语言的"苍白无力"。此外，情感练声法是对表情练声法的进一步发展，让发声人达到以表情带心情、以心情促感情、以感情带声音的境界，从而提高有声语言的表达能力。值得一提的是，情感练声法并不是单独存在的，它的训练也不是独立的，在进行其他训练的时候就应该把它加入其中。

情感练声法的练习方式主要有以下几个方面：一是对语意深入理解，细致体味其中蕴含的情感；二是练习各种情绪类的文章，提高对情绪的控制能力；三是要对"情""声""气"的关系进行科学的把握；四是用心去体会，投入感情，最终实现"水到渠成"。信息的互动是为了求共享、求纳新，而情感互动是为了求共鸣、求升华。情感互动具有强烈的感染力，可以创造播音员、主持人与听众间和谐融洽的交流氛围，而这样的交流氛围有利于实现播音主持的目的。

五、提升播音主持发声能力的方式

（一）解决语音发声问题

先解决好在学习及工作中遇到的语音发声等基础性问题才能更好地进行发声训练，呼吸控制、口腔控制、喉部控制、共鸣控制等都是需要注意的问题。练声的第一要义，就是要找到语音与发声的基础问题所在，明确改正方法，不断刻意纠正，最终实现有声语言表达的规范自然。

（二）科学合理地进行发声发音练习

首先，一定要保证"音准"，这是至关重要的，也是首要前提，训练者要学习基本的发声基础知识，了解正确的发声方法和呼吸方法，并保持自身语言发音的规范性，让信息内容可以清晰明了地表达出去。其次，在保证"音准"的基础上可以逐渐锻炼自身的发声技巧，向"声美"这一目标进发。而在实现这一目标的过程中，为了能够更加有针对性地进行练习，一定要了解自己声音的特点，并做好日常喉咙的保养，始终让自身处于一种良好的职业状态。最后，将"音准"和"声美"有机地结合在一起，并不断对自身的能力上限发出挑战，学习并结合其他发声技巧，让自身的音域更加宽广，从而更好地驾驭各种播音主持任务。

徐恒老师在《播音发声学》中曾明确发声的精神状态应该是"积极、松弛、集中"的。对于练声来说，首先应遵循此原则，只有具备积极的精神状态，才能善于调动意念,来引导正确的发声感觉;其次,要保证身体放松,不僵硬、不紧张,这样才能反应灵活,在松弛的状态下自如地控制声音;最后注意力要集中,这是因为在练声中我们要边发声边判断,只有自我判断和自我反馈到位,才能及时调整,达到更好的练习效果。具体来说,训练者每天应在"先练气、后发声,先弱后强"的原则上进行以下内容的练习。

1. 气息控制与调节训练

发声的源泉、动力便是气息,声音的效果受气息的影响。因此,在一定程度上,气息的训练一定要重视。首先,通过呼吸的训练,即慢吸慢呼、快吸慢呼等的练习,来体会控制小腹的感觉;其次,可以结合"数枣"的绕口令、发"yu"音等来训练气息;最后,可以通过发"嘿、哈"音的练习,感受气息的控制与调节,找到气声结合的感觉。

2. 唇舌力度与灵活度训练

对于唇舌力度与灵活度的训练,可以围绕"口部操"(如唇的"喷、咧、撇、绕"及舌的"伸舌、拢舌、顶舌、绕舌、刮舌、立舌和舌打响"等)及有针对性的绕口令(如针对唇的练习《八百标兵》、针对舌的练习《调到狄岛》等)进行。

3. 共鸣控制训练

共鸣控制主要围绕对于口腔共鸣要领"提颧肌、打牙关、挺软腭、松下巴"的练习,以及胸腔共鸣的练习。具体讲,口腔共鸣的训练在一定程度上可选择一些帮助掌握要领的词语、句子进行训练。如提颧肌可以练习"体育、利率、碧绿"等;打牙关可以练习开口度大的音节"大妈、发达、打靶、砝码、拉萨"等;挺软腭可以练习韵母为"ao"的音节,如"逍遥、棉袄、高考、早报、照抄"等。胸腔共鸣的训练可以结合阴阳上去四个声调的代表字词,如"都、向、前、走",来帮助找到支点上下移动以及着力的感觉。

4. 声音弹性训练

声音弹性的训练也就是声音的自由变换训练,可以围绕任何稿件来进行,但无论什么体裁、什么题材的稿件,一定要做到情真意切、声情并茂,这也是语言发声的需要,更是表情达意的关键。

(三)提升语言功力

练声在解决了语音发声等问题之后,不可就此止步,而应从"纠正字音"的功利性道路,转向"提升语言功力"的非功利性道路。练声是"曲不离口、拳不离手"的勤学追求;练声是"大珠小珠落玉盘"的悦耳追求;练声是"一语道破、

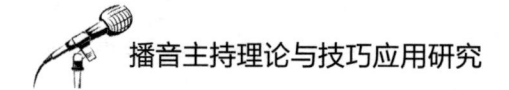

豁然开朗"的明义追求；练声是"未成曲调先有情"的情感追求。作为学习者应不为练声而练声，时时打磨，处处留意，不断提升有声语言表达功力。

1. 杜绝方言

播音主持多是以汉语普通话为基础的，所以熟练掌握普通话是每一个播音员、主持人的必修课。我国幅员辽阔、地大物博，具有多种方言。虽然方言能够使人感到亲切，但对于播音发声的学习和训练有很大阻碍，如果平时没有养成一个好的语言习惯和发音习惯，单靠课堂学习和训练是不能达到最终的训练目的的。

2. 良好的语言环境

在日常生活当中，想要养成好的语言习惯，还需要具备一个良好的语言环境，因为每天身处的环境对一个人的影响是深远的。尽量多与语音表达好的人进行交流，这样才能有助于促进自身的进步。

3. 养成良好的发音习惯

这一点中涵盖的内容较多。首先，要养成良好的咬字习惯，正确的、重复性的动作会使相关的肌肉群产生记忆，也会使咬字器官配合得更加默契。其次，保持适当的音量和语速。在播音主持过程当中，有些发声者经常会出现音量忽高忽低、语速或快或慢的现象，这是一种不好的现象。多是因为平时的语言习惯不好，这种习惯不但让听众听着不舒服，还对自身的声带有损害。

（四）提升自身文化素养

播音主持专业与社会热点时事有很紧密的联系，良好的文化素养可以帮助播音员和主持人更加深入地挖掘热点新闻内容，并结合自身独到的见解来提升自身的思维层次，进而增强播音员、主持人的自信心，让整个播音过程变得更加顺畅和自然。

（五）提升心理素质

良好的心理素质是成功的一半。在播音主持的过程中，播音员、主持人要努力提升自己的心理素质，力争将播音主持工作做到最优，具体可从以下几方面努力。

1. 充满自信

播音主持是一项非常复杂的工作，扎实的专业能力、深厚的文化功底都是对于发声人的基本要求。假如发声人欠缺自信，一旦碰到困难，就会担心自己不能完成，从而发挥不出自己应有的水平。因而，发声人一定要充满自信，坚信自己能克服一切播音主持工作中的困难，竭尽所能做好工作。

2. 提高应变能力

在播音主持中，发声人难免会碰到突发情况，假如发声人做不到理智应对，节目很有可能没法顺利开展。因此，主持人为了化解这类危机，一定要提高自己的应变能力。例如，在主持情感类节目时，嘉宾触景生情，在现场号啕大哭，甚至影响了节目的录制进度，这时主持人如果没有相应的应变能力，就会让场面完全失控。

（六）获得声音自由

声音自由是指表情达意时，因发声肌肉群的肌肉记忆而使下意识的发声能够恰切、准确。在真实的表达场景中，声音自由不仅是指声音的高低、快慢、强弱、虚实的随心转换，而且也包含喜、怒、哀、乐、惧等情绪的外化贴切。要想获得声音自由，就必须坚持科学练声。

（七）控制好有声语言

当前许多人对于主持人和播音员的工作欠缺正确的认识，认为只要普通话能力过关、识字量高就能胜任。该想法对于真正的播音主持工作存在极大的误解。通常情况下，合格的播音员、主持人既要具备过硬的专业技能，还应该具备职业敏感度。在进行播音主持创作时，应该掌握好有声语言创作的要点，即"情""声""气"。尽管三者之间要求不同，但仍应注重其内在的联系，进而协调好它们之间的关系。在有声语言中，"情"主要是通过气息与声音的配合传达出去的，而声音和气息除了能够向观众传达思想感情以外，在播音中并没有其他实际的意义，但该类表达不可以是机械化和消极的，而应该是灵动的、积极的。

第六章　播音主持的审美特征

随着社会的不断发展，人们对精神领域的追求也越来越高，播音主持依托于此背景逐渐发展成现实生活与艺术相融合的一大行业，在播音主持领域中，语言和情感的完美结合是迸发艺术美感的关键。本章分为播音主持的规范性、播音主持的音声美、播音主持的意蕴美、播音主持的分寸美、播音主持的意境美、播音主持的综合美六部分。

第一节　播音主持的规范性

播音与主持艺术专业培养的是普通话能力，播音员和主持人的普通话语音对全社会来讲，都具有重要的标志作用、示范作用、导向作用、规范作用和传播作用。就普通话的标准而言，按国家有关规定，"县级以上（含县级）广播电台和电视台的播音员、节目主持人应达到一级水平（此要求列入原广播电影电视部部颁岗位规范，逐步实行持普通话等级合格证书上岗）"。

一、播音主持的规范性特征

（一）示范性

播音主持是广播电视制作过程中的关键环节，在广播电视节目制作中占据重要位置，广播电视节目前期采编好后，需要播音员、主持人将采编的内容通过语言的形式直接传达给听众，因此，播音员、主持人语言规范性特征首要的就是具有强烈的示范性，主持人的语言是否规范、正确直接影响着听众语言的健康规范发展。播音员、主持人只有拥有规范性的语言功底，把握播音主持传播的规律，

第六章 播音主持的审美特征

才能更好地体现广播电视语言的示范功能，达到最佳的信息传播效果。同时，播音员、主持人必须有着高度的政治自觉和较高的政治水平，因为其语言运用也具有强烈的表态性，因此播音员、主持人在语言播报过程中一定要运用规范的语言，正确、鲜明地表达党和国家的宣传政策。

（二）多元性

播音员、主持人的语言传播，不仅需要做到以声传情、声情并茂，而且还要做到悦耳动听、赏心悦目。语言作为播音员、主持人传播信息的重要载体，在表达和应用上，并不是简单地按照稿件直接朗读就行，而是要做到声像结合和具有强烈的现场感染力。每个专业的学科都有自身的语言特色，播音主持所涉及的就是广播电视语言。广播电视语言根据不同的类型和场景也会分为不同的类型。因而，播音员、主持人在语言上的规范性涉及面很广，呈现出多元化的特点。播音主持语言按其类别可划分为有声语言和副语言两种，这就需要播音员、主持人既要具有现场直播的技能，又要具有解说性的语言，能在突发情况下随机应变。

（三）艺术性

播音员、主持人并不是简单地照稿播音，还应具有一定的创造性，播音员、主持人在播稿的过程中还要涉及很多的新闻术语和新闻技术，其语言播报的方式也直接影响着播音的效果。因此，主持人应该有自身的语言艺术性。在保证语言规范的同时，又富有自身的语言特色和艺术魅力。播音员、主持人的语言直接折射出其自身的知识水平和个人涵养。尤其是当前多媒体发展趋势下，不仅要求播音员、主持人能够灵活地运用语言，积极地向听众传达正确的信息，而且还要让观众理解信息，并能够进行相应的沟通和对话，从而激发听众的兴趣，以此来提高节目的收听率和收视率，这就要求播音员、主持人的语言要具有艺术性。

二、播音主持的规范性要求

基于哲学或方法论视角，规范性更加侧重于规矩实现和标准体现，是定性分析事物发展的主要视角。播音主持作为社会政治文化发展的共同产物，在规范性要求方面具有较为明显的特殊性。

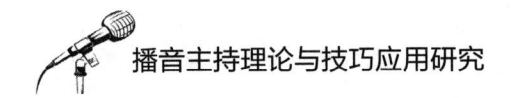

(一) 具备意识导向作用

播音主持行业具有鲜明的意识导向作用。在节目创作、播出过程中，既要考虑在内容上满足听众群体的信息需求，又要实现对听众群体先进意识的引领。播音主持是展现内容的主要介质，必须明确规范性要求，体现出广电节目新闻传播、舆论宣传和社会教育的导向作用。

(二) 遵循规范准则

要遵循相关部门和就业单位制定的职业规范，如中宣部、国家广电总局印发的《关于进一步规范播音员主持人职业行为和社会活动管理的意见》及单位内部的规范化标准，能够依照相应的量化标准展现定性层面的规范性。当前背景下，播音主持语言形式发生了较为明显的变化，尤其是电视新闻播报语音形式，要从原本追求严肃性和权威性，逐步朝亲切感方向发展，用流畅朴实的语音，为听众群体营造更加亲切自然的氛围，更为高效地传播信息内容。

对于主持人来说，语音是其最基本的考察对象，正常情况下主持人不应出现语音错误，而实际上，目前很多主持人却频繁发生语音问题，这也折射出目前我国汉字语言有不规范发展趋势；另外，主持人出现语音问题，还体现出主持人对工作缺乏务实、严谨的态度，还没有养成向词典考证的习惯上。还有一些播音主持为了适应新媒体时代听众的个性化需求，会在主持中无视语法规则，为打造个性化主持风格而滥用网络热词或者生造新词，使主持呈现出风马牛不相及的状态。如果播音员、主持人在播报期间说出有歧义的句子，不仅影响观众的理解，也会直接降低节目的社会形象。

播音员、主持人必须遵循特定规范，他们在进行播音主持工作时，不仅需要具备良好的语言表达能力，不断培养自身的对象感，还需要具备非语言表达能力。播音员、主持人的基本职能是为社会公众群体更为直接、全面、丰富地提供各种信息资讯，信息的真实与否、权威与否，不仅与内容直接相关，更是与主持表达方式有较为密切的关系。部分播音员、主持人为了满足社会公众的收看收听需求，对自身的主持语言和形式进行非规范性的创新，虽然出发点是好的，但是使语言表达形式与规范性要求产生了偏差，对播音主持工作的真实性、权威性产生了影响。

三、播音主持规范性实现策略

(一) 必须有正确的观念

语言是对外界的输出,人的观念和能力决定语言输出的品位。因此,作为播音员、主持人,首先要形成正确的思想觉悟。播音员、主持人在面向观众时,必须具有更高的表达水平。在聘用播音员、主持人时,相关管理人员应对其进行全面审核,确保其没有相关不良记录。其次,播音员、主持人在报道外交、军事类节目时,可对事件的不同方面进行响应性的自身评论,但必须控制好程度,避免过度解读。

此外,播音员、主持人也要尊重听众的言论自由,不得在播音主持过程中使用引导性语言左右听众,以避免造成不必要的社会恐慌。在大多数情况下,节目传输会遵循相关的传播方案。播音员、主持人应阅读大纲,明确节目主持和播出的思路,并对相关问题进行标注,还要引导观众进行多方的关注,同时积极表达个人看法。在节目播出中,播音员、主持人要引导观众讨论事件,建立"听众链接",通过这种方式听众可与播音员、主持人联系并对相关事态进行讨论。

(二) 注重自身思想认识水平的提升

在当前多元文化融合的大众传播环境中,虽然中西方文化间的交流更加频繁,但同时也要注意西方文化的影响。所以,必须重塑汉语言文化传播范式,以此来应对汉语言文化面临的危机。作为主流媒体的播音员、主持人,必须承担起政治责任和社会责任,担负起对外传播中华文化的历史使命,充分认识自己作为党和国家意志代言人的角色,必须要不断提升自身的思想认识水平,在工作中严于律己,树立守正且规范的播音用语观念,强化语言的规范表达。同时,播音员、主持人还要培养爱国主义精神、民族精神,并树立全局意识,加强对中国特色社会主义理论体系的理解和学习,在让自身的文化素养得到全面提升的基础上,以更加积极、敬业、认真的态度投入播音主持工作中,从而强化语言的规范表达。

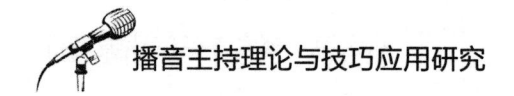

（三）坚持使用标准语言

我国经历了漫长的发展过程，其中我们可以看到文明都是以规范语言为纽带进行传承的。目前使用的"普通话"，也是当前社会发展的必然产物。国家也通过立法，确立了普通话作为通用语言的法律地位，规定电台、电视等媒体必须使用普通话，并且作为播音主持的标准语言。播音员、主持人要及时纠正"不当用词"，以避免给社会带来负面影响。由于电视媒体对观众具有强烈的影响力，因此主持人必须认真对待自己的工作。播音员、主持人的语言代表了媒体形象，同时起到了一定的示范作用，影响着观众的语言习惯。相关法律规定，媒体相关单位有责任推广普通话，使用规范性语言。若播音员、主持人在工作中有大量的措辞及语法问题，会给观众带来严重的错误引导，同时也会影响到普通话使用效果。

播音员、主持人应恪守自身的职业操守，树立播音主持语言规范表达的职业理念。一定要杜绝在节目中胡乱使用外来词汇、网络用语以及其他口语化语言的行为，不要在播音主持工作中随波逐流，对于网络主播或国外节目主持人的主持风格也不要刻意模仿，要明确自身以党和政府的"喉舌"为己任的媒体立场，坚守党性原则，对其他类型节目主持人的优秀用语风格进行有选择的借鉴，切忌全盘照搬照抄。特别要提防某些网络主播的哗众取宠式的语言风格，不要为了一时的热度而降低自己的品位，用那些与主流媒体立场和形象不符的俗套话语。播音员、主持人必须坚持每天的基础练习，从学习中吸取经验，逐步形成自己独特的主持风格。例如，近几年深受观众喜爱的央视《共同关注》节目主持人——朱广权，他凭借"段子式"的语言播送新闻，形成了自己独特且新颖的播音主持风格。例如他在节目中火爆全国的"金句"——"地球不爆炸，我们不放假；宇宙不重启，我们不休息"。这些"金句"在各大社交网络被刷屏，朱广权也被观众亲切地称为"万词王"。在一定程度上来说，朱广权的"出圈"，在于他既能够保持自身的新闻专业性，与此同时，也能够大胆地发挥自己的特长，最终，以其扎实的语言功底、深厚的文化底蕴、幽默的语言风格成功开创了一种全新的播音主持风格，不仅收获了个人的人气，受到听众的喜爱，同时也为节目带来了大量观众。

（四）提升语言交际能力

当前，随着融媒体的发展，传统播音员、主持人在播音主持过程中的角色和任务也发生了变化，主要是因为传统广播电视的主流媒体地位受到了一定的冲击。融媒体环境下，播音员、主持人需要承担更多的政治宣传任务，这就要求播音员、主持人进行规范的语言表达，即能够准确传达多方面的语言和文字信息。尤其是在当前的融媒体环境下，播音员、主持人更加需要清醒地认识到自身所承担的责任，通过不断学习和培养自身的党性意识来形成正确的语言交际观，并通过语言的规范表达对听众观众的思想认识进行正确的引导。

（五）提升自身能力

1. 字音表达

若要将思维转变成语音，使其具备生命力，播音员、主持人就需要对内心的想法进行组织，将词语组成句子，用语言将思想表达出来，这也是人们进行表达的基本过程。在传统的语言划分法中，音节主要由前端的声母和后面的韵母组成，如果播音员、主持人出现唇舌无力、声音不够集中、字音表达错误等问题都会导致出现播音失误的情况。所以，播音员、主持人要想提高语言表达的规范性，首先就应重视字音表达。如人们通过应用程序观看一些短视频或者直播时，如果发现主持人字音不准，尤其是不能将一些词汇清楚地表达出来时，其收看的心情容易受到影响。正确的字音表达是提高语音信息有效传达的重要条件，播音员、主持人在进行语音播报的时候，要清楚地知道声母和韵母的表现形式，声带轻微抖动就会形成浊辅音，有些音素因为没有震动而形成清辅音。在发音时，口腔中的气流必须通过口腔中两个部分的不同阻碍才能发出不同的声母音，如果播音员、主持人不注意，两个器官形成阻碍时的力度不同，则会对语音发音的清晰度和力度造成影响。如"b"，如果阻力过大，发音听起来就会有点笨拙或者吃力，与此同时，口腔中还会有大量的气流冲出；而如果阻力过小，则会导致发音听起来字头无力、模糊不清。因此，播音员、主持人必须掌握好自己的力量，只有这样，才能让自己的声音听起来更加清晰。另外，播音员、主持人要加强唇舌的训练，多练习绕口令等，以此来提高自己的发音力度。

2. 语音清晰

播音主持节目对播音员、主持人的发音清晰度也有很高的要求，比如在抖音、快手等这两年流行起来的直播平台中，很多主播都不是专业的播音员、主持人，有些主播的嗓音还能听清，但有些主播的声音怎么也听不懂。这主要是由于这些主播的口腔没有为其营造良好的语音环境，致使她的语音不够准确、清晰，并且在发音的过程中，没有对不同韵母进行区分，给观众或者听众一种一个音的感觉；另外，部分播音员、主持人未能掌握有效的韵母发音方法，当气流通过声带时，并没有在口腔内进行集中，导致口腔中的声音打不出去，所发出的字音不够清晰，没有响度。所以播音员、主持人一定要正确掌握韵母的发音方式，这对提升声音的圆润度、清晰度及响亮度是非常重要的。当有气流经过气管、喉部到达口腔时，舌头和嘴唇摆放的位置不同，韵母的音色也会有所不同。当有两个或者多个元音字母需要拼读时，播音员、主持人一定要注意嘴型、舌头的位置都会发生相应的变化，最为响亮的就是韵腹的音色，并且韵腹的开口度也最为明显。另外，为了保证语言的规范性，播音员、主持人还要加强对语音清晰度的控制，日常工作之余可以进行锻炼，如适当地跑步、做一些有氧运动和俯卧撑等，加强气息，从而为韵母的准确发音提供充足的动力，这项基本功对于广播电视主持人而言是必不可少的。

3. 字音纯正

播音主持语言的规范性要求播音员、主持人在表达过程中能够纯正地发出字音，这需要结合声母、韵母和声调一起来完成，人们在日常生活中可能并不会注意到这些，但是如果认真分析后会发现，如果发音的音调不清晰，则比较容易让他人误解真实的意思。所以说，保证字音的纯正、调值的准确对增强语言表达的规范性是十分重要的。英语中很多单词由辅音和元音组成，并没有声调，一个单词只有一种意思，并且在英语中音节非常多；但中文就不一样了，中文中的某些词语会随着语气的变化而变得更加丰富，情绪也会随之发生变化，比如情绪激动时的语调会变高，情绪低落时，语气也会随之降低。而且，随着音调的变化，听众会感觉到一种强烈的韵律感，而且还能感觉到深层的意思，以及主持人的情感。

除了以上提到的一些发音方面的问题之外，播音主持语言规范化地表达还与其他因素有关，如管理控制策略。相关部门要站在专业化的角度上，制定相应的规范化标准，通过各要素的指标化，进一步实现对播音员、主持人管理制度与评估机制的细致化，并针对其具体表现情况制定精细化的技能培训方案，如可以根据目前播音主持语言规范性的要求制定一套比较完整的系统性管理体系。在应用控制策略的过程中，相关部门要将一些规范化的制度与评估机制进行有效的结合，从而在一个较为统一的系统性管理体系框架中，能够针对不同的广播电视节目，制定语言表述策略。例如，目前部分地区省级电视台或者卫视台，在控制策略方面都采用了商业化的运作模式，基于此，相关部门可针对播音员、主持人的语言表述规范性方面的问题，建立规范性项目，设计训练要素，包括语音、词汇、专业知识、特定场景等，进一步对播音员、主持人进行语言规范性训练。而播音员、主持人在节目播出的过程中，要注意保持足够的亲和力，这是提高其语言表述规范性的重要途径，且亲和力也是播音员、主持人自身专业素养的必备因素，因此在新媒体时代，播音员、主持人一定要充分认识到亲和力的重要性。

第二节　播音主持的音声美

一、播音主持的音声美内涵

（一）音声美的外在美

语言的外部技巧就是所谓的外在美，应利用娴熟的语言技巧充分表达出播音主持所特有的语言美。

1. 语气美

播音主持稿件的灵魂基本上是通过播音员、主持人语气的色彩烘托出来的，语气在声音、气息的形式中受思想感情的支配。其实我们不难发现，播音主持的语气与日常生活中的语气十分相似，这是因为播音员、主持人的语言表达要顺应听觉的规律，要求其运用自然的语气，让声音自然、平实，给听众以真实可信的感觉。

2. 重音美

重音在播音主持中的运用也很常见，可以说重音是为播音主持工作加分的一个部分。如果播音员、主持人灵活运用了重音，听众就可能会沉浸在播音主持的美当中；反之，如果他把重音的运用忽视了，或者用法错误，那可能会让听众听得云里雾里，不明白其想要表达的意思和重点，因此很难理解收听的内容。因此，播音员、主持人需要通读稿件，找到重点、找准重音，运用恰当合适的表现手法，不管是重读还是放慢语速，一定要表现得自然，不要过于夸张和突兀，以此来提高语言表达的清晰度，也让听众接受得更容易。

3. 节奏美

我们汉语语言声感优美的特点都需要被播音员、主持人充分地体现出来，不仅让听众听到播报的内容，还要让他们得到美的享受。在一定程度上来说，节奏看似不重要，但是它对于播音主持工作起到了很大的作用，适宜的节奏能够帮助听众更好地收听，而且在不同场合也有不同的节奏。例如，舒缓的节奏经常用于情感类节目；欢快的节奏经常用于综艺节目。节奏的把握离不开对现实生活节奏的感悟。因为它反映着时代精神与氛围。

4. 停连美

播音主持说白了就是说话，话是看不见摸不着的，不像写在纸上可以慢慢推敲，话说过去就过去了，因此，为了让听众能够更加清楚、明白自己收听到的内容，播音员、主持人就需要在运用停顿手法上下功夫，停顿位置恰当，句子长短适度，从而给听众耳目一新的感觉。需要注意的是，这里所强调的停连需要发声人不仅要关注稿件的标点和段落，还应充分理解文章的内容和表达的意思，精确把握运用的语法。通过对停顿手法的精准掌握，使"连""停"相依，掌握"随意而行，能连则连；依法而停，该断则断"的真谛，让听众流连忘返，沉醉于播音主持的音声美中。

（二）音声美的内在美

语言技巧的运用需要有内心依据，这就是音声美的内在美。播音员、主持人对稿件中的事物、情理的深刻而具体的感受就是这里所说的内心依据。如果在播音主持的过程中没有打动和感染听众，可能问题出在了播音员、主持人自身的自我感受上，因为播音员、主持人若自己对播报的内容都没有情感，那就很难与听众产生共鸣；反之，如果播音员、主持人对于自己表达的内容感触颇深，那就会在播音主持过程中有感而发，这个过程其实就是在沉淀播音主持音声美的内在美。

1. 情感

黑格尔在《美学》一书中说过："声音只有通过一种情感纳入它里面去，而又由它鸣出来，才能成为真正意味深长的表现。"播音主持更需要注入感情，只有播音员、主持人把握住了情感，才能更好地感染听众、吸引听众。主持人还好，可以通过电视画面把自己的动作、表情完整地展现给观众，但是对于播音员来说，听众只能听到声音，所以需要在声音中注入恰当的情感，让听众从声音中感受发声人的情感、对事物的态度、评价，并与之产生共鸣。当我们用心去理解和感受每一篇稿件的时候，必然会触动我们的情感之弦，继而激发出一种强烈的激情。

2. 意识

播音员、主持人的播报意识要强，对于自己播报的领域要具备一双敏锐的眼睛。例如，新闻类播音员、主持人要时刻关注时事热点，接触新闻事务；综艺类播音员、主持人就要更加关注娱乐圈的事情；体育类的播音员、主持人就需要对运动项目、赛事等了如指掌。

3. 个性

我们听播音前辈的播音或大气磅礴、激情洋溢、舒展洒脱或清淡沉稳、意境悠远或严谨庄重、稳健大度、意味深长，常给人以美的享受，因此播音员、主持人如果没有独特的个性，也就没有魅力可言，但需要注意的是，要把自身个性与节目相协调，相得益彰。

二、播音主持音声美的营造策略

（一）合理控制播音的语速与节奏

播音员、主持人在播音主持的过程中要具有一定的主持技巧，合理地控制自己播音的速度和播音的节奏，这样在一定程度上才会提高收视率。需要注意的是，节目有很多种不同的类型，每一个类型的节目都会有自己独特的要求，而且语速和节奏也是有区别的，因此播音员、主持人应该按照自己主持的节目内容适当地调整自己的播音节奏和播音速度，这样观众可以更加深入地了解节目的内容。那么就需要播音员、主持人不断地进行总结，在自己的工作当中不断形成自己的主持风格，全力打造属于自己的播音主持形象。

（二）灵活使用口头语言

播音员、主持人其实就是把节目与观众更好地关联在一起的重要桥梁，因此，播音员、主持人要想方设法让观众喜欢自己的节目。播音员、主持人在播音主持的时候，要充分考虑听众的收看时间、收看习惯以及喜欢哪种语言表达技巧，在主持的过程中要注意语言规范，口齿不清的问题是绝对不能有的。除此以外，表情要得体大方，发音要标准，语句要通顺流畅，尤其是不要出现一些吐字错误的问题，这是对播音员、主持人的基本要求。但在某些特殊场合，播音员、主持人要注意运用恰当的口语，以便与听众更有亲近感。事实上，口语的恰当运用要比正式的文字更加具有穿透力，听众对听觉的适应程度也会更高，甚至还能引起听众的注意，从而达到意想不到的收视效果。

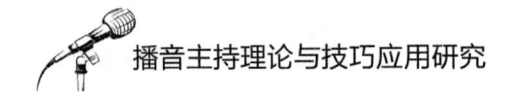

第三节　播音主持的意蕴美

所谓意蕴指的是包含的内容和含义，"意蕴"这一词语具有广泛的代表意义，在中国古代时期就有关于意蕴的论述。庄子认为"万物尽然，而以是相蕴"，由此可以看出意蕴更多指的是事物包含的内在"含义"，而所谓的"含义"又蕴藏在相应的事物中。

一、播音主持的意蕴美内涵

顾名思义，播音主持人员包括广播电台的播音员和电视媒体的主持人两大类，他们综合运用有声语言和副语言来传播信息。从历史的发展来看，在电视还没有出现之前，"播音"的含义只局限于"广播"，通过电台广播来传达各类信息，于是便产生了"播音"的狭义，就是"话筒前的语言艺术"。随着电视的出现和普及，不仅有单纯声音的传播，还有视觉形象的传播，于是"播音"含义逐渐丰富，把"主持"的内容也容纳了进来。于是，"播音主持"不仅包括声音语言，更包括非声音的类语言或副语言，比如说体态语、眼语、服饰语。从严格的角度来说，类语言不是指人类表达所采用的语言，而是指具有语言功能的声音，比如人类说话时所使用的语气，以及伴随说话产生的哭声、笑声等，只要运用得当，也会收到一定的传播效果。播音主持的意蕴美就是这些语言的整合，因此播音主持的意蕴美备受关注。

二、播音主持意蕴美的营造策略

意蕴既然是艺术形式包裹着的内核，文字只是透露出意蕴的某些部分信息，那么，运用有声语言即人文精神音声化的方式准确、完整、充分地把这种意蕴展示出来，就是播音主持人员的一项重要任务。除此以外，还要掌握和了解听众的状况，了解听众的特点和审美需求。与此同时，要根据节目的特点、要求以及自身的情况和对作品的理解，来设计语言的语气、策略、风格等。有稿播音是一种"再创造"的过程，是"以人为本"的"音声"的具体运作。它要求传承者具备很好的语言表达技巧，充满活力和控制力，要求有对应的情感投入。音声化并不是单纯的字变音，同样的一个字、一个词、一个句子，可以变成很多种不同的声音形式，可以是肯定的，也可以是否定的，可以是同义，也可以是相反的。能否正确并且到位地把文本固有的内涵充分表现出来并"锦上添花",不同的播音员、主持人会有差异,甚至有很大的差异。语言传播和文字传播是不同的,它有自己的规律。语言传播具有流动性,它使一个个字互相衔接转变为一层一层的意思,完整地、有层次地表达出来,词语晓畅、主次分明、逻辑清楚,无违拗,不生涩,听起来是真正的活语言。语言传播具有确定性,要求每一个字词的含义在具体语言环境中都表达确定的语意,不含混,不模糊,态度明朗,感情恰当、丰满。成功的播音员、主持人的艺术创造,总是以传达意蕴为目的,点燃艺术之火,以摇曳多姿的形态腾空而起,烈烈扬扬,传递着由热而生的温暖和光亮;总是遵循有声语言的规律,在另一向度完成对文字作品的超越,让人由衷地感叹:"三分文章七分读。"

对于无稿播音、现场主持来说,播音主持人员要在事前全面充分准备的基础上,发挥敏捷的反应能力,逻辑思维、形象思维、创造性思维综合运用的能力,迅速组织词语准确表达的能力,不仅能出口成章,而且言必及义、语必中的。所谓"锦心绣口""思风发于胸臆,言泉流于口齿",就是对这样的播音主持意蕴美的极好概括。

第四节 播音主持的分寸美

一、播音主持分寸美的内涵

大千世界,任何事物都离不开"分寸"二字。观点阐发、评论言说亦是如此。往大了说,思潮的形成、舆论的走势、时风的塑造、民情的变动,莫不与各方面的言说有关;往小了说,是非曲直、毁誉忠奸、见识判断、情绪波动,都受到各种言论的影响。越是重要程度高、影响范围广,就越需要强调分寸感。没有分寸感,或是播音主持的灾难。

二、播音主持分寸美的营造策略

(一)区分好"本我"与"非我"

播音员、主持人作为运用有声语言和副语言,在广播、电视传媒中进行信息传播的创造性的人,尽管其在创造活动和传播过程中都是以个人的身份存在

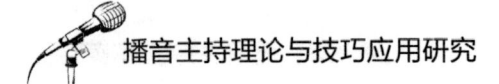

的，但实际上其在大众传播中是秉持特定群体观念的，所以可将电视看作播音主持中的"非我"。但在脱离了特定的情景之后，传媒与观众之间不再以该形式存在时，便出现了所谓的"本我"。在播音员、主持人进行播音的过程中，"本我"与"非我"是其掌握分寸感的两方面，二者既有相同之处，还存在差异性。从状态来看，"本我"是"非我"的自然状态，"非我"则体现的是"本我"的职业状态。播音员、主持人应用荧屏和话筒将"非我"在节目中通过"本我"把新闻内容传达给观众，对于"本我"来说，其"分寸感"要求不是很高，但对于主持人的"非我"来说，"分寸感"的要求就十分严格，不能有丝毫差错。因此，在一定程度上来说，二者既有融合的部分，也有对立和冲突，所以需要播音员、主持人运用自身良好的职业素养和专业能力对其中的分寸感进行掌握。

（二）提升自身专业素养

分寸与播音员、主持人自身的专业素养也很有关系，基本是呈现正比的情况，也就是说专业素质越高，分寸把握得就越好；反之，专业素质越低，越不容易把握播音主持工作中的分寸感。这里以电视访谈节目为主，阐述一下播音员、主持人该如何提高自身的专业素质。电视访谈节目作为一种流行的媒介，受到广大观众的欢迎，特别是近年来，它的发展速度非常快。访谈节目之所以能取得如此大的成就，一方面是因为它的节目形式多种多样，另一方面，它还与主持人的形象魅力、丰富的阅历、丰富的文化底蕴等基础素质息息相关。首先，主持人在主持采访时，要做到仪态庄重，言行举止要大方。主持人的自然、亲切的表情可以营造出轻松和谐的气氛，而适当的肢体语言也可以起到承上启下的作用。节目中还可以通过目光与访谈对象进行心灵沟通，从而引发情绪共鸣，提高访谈节目的质量和效果。其次，主持人必须具有丰富的主持经验，能够有效地掌握节目的节奏和过程，并具有敏锐的思维、敏锐的洞察力和良好的语言表达技巧，确保与被采访对象进行高效、精彩的对话。最后，主持人必须具备丰富的文化知识、专业的知识和技能，并且善于学习，在主持节目前积累与节目主题相关的专业知识。

（三）应该审时度势

播音员、主持人一定要注意观察在播音主持过程中遇到的各种情况，例如，在访谈节目现场，主持人要养成细心观察周围场景和周边情况的良好习惯，然后运用恰当的语言来表述重要的访谈内容；访谈节目开始前要整理和归纳相关的资料，确保提出的问题能够烂熟于心，在提出问题的同时要做到眼观六路，仔细观察访谈对象在回答问题时的神态口气、内容语调等，通过认真倾听，准确判断出访谈对象的回答所要表达的含义或深意，并随时做出肯定的表示。有的时候虽然会有意见不一致的情况，但也不要随意制止，因为这也是访谈节目的组成部分。在仔细倾听的同时，要随时思考如何顺利引出接下来的问题，牢牢把握提出问题的方向，如果这时访谈对象有了抵触情绪，就要及时对所提出的问题进行调整，让节目顺利进行下去。

（四）提升自己的政治素养

鉴于新媒体的发展，当前的传播模式呈现出线条化的发展模式，这一模式上的转变能够反映出社会大众对于节目的观看以及欣赏的方式呈现出明显的变化。而在新时代之下，我们能够看出，以"互联网＋大数据"为基础的多元化信息是播音员、主持人应当充分掌握的素材，并应以互动分享的形式与社会大众进行交流。学习是播音员、主持人的主要能力，只有持续地学习，才能提高团队的业务能力与职业胜任力，从而促进事业的蓬勃发展。在播音主持的工作过程中，播音员、主持人需要把握社会主义核心价值体系，并充分了解该期节目的资源，并对现有的资源进行深度的加工，从而提升自己对节目的领悟力与感悟力。由此可见，提升自己的政治素养是新时期播音主持分寸美探索的路径之一。

第五节 播音主持的意境美

一、播音主持的意境美内涵及作用

（一）播音主持意境美的内涵

"意境"是中国传统美学的重要组成部分。也是展现播音主持美的一个重要组成部分。在中国最早的诗歌著作《诗经》中，意境表现手法"情景交融"的运用就已经相当成熟。被大众熟知的《蒹葭》一诗中写道："蒹葭苍苍，白露为霜。所谓伊人，在水一方。"凉秋已至，河中的大片芦苇上霜露未消，诗人为何来得如此早,原来是为了等待河对面那个朝思暮想的人儿啊。蒹葭、白露与诗人的感情完美融合,使那种朦胧又深沉的爱慕之情在景色的烘托下表现得淋漓尽致。意境发展贯穿了整个中国发展史。《易经》中曾出现关于"象"的范畴,如钟蝶追求的"意象"与"神韵"说,王昌龄作为第一个正式提出"意境"的文学家,对意境做出了简单化分类。发展到近代,王国维提出"境界"一词,意境在范畴上基本得到了完善。

(二)播音主持意境美的作用

播音主持中,营造良好的意境可达到更好的审美效果,一个比较优秀的播音员、主持人有感情地播报与单纯地读稿的差别极大,这也是近年来播音主持又受到大众喜爱的原因之一。如果播音员、主持人在播音主持前没有对文稿进行了解,没有自身情感的加入,那就无法达到吸引听众的目的,也就无法让听众在聆听中获得审美体验。当今越来越多的人选择用有声语言来陶冶情操,所以播音员、主持人应提高朗诵功底,而播音主持质量在很大程度上依赖于意境的营造。

值得一提的是,现在朗诵艺术更多与播音主持艺术相结合。在播音主持学习过程中会加入大量朗诵,没有朗诵的加入,播音主持艺术就会丧失它本有的艺术价值。而离开了播音主持的朗诵艺术,也会逐渐走向衰弱。对于从事播音学习和工作的人来说,他们把播报作为一种有意识、有目的的语言表达活动,他们需要具备一定的文字功底和播音功底,并能在一定程度上把自己理解的文字、想要表达的情感传递给听众,让他们在聆听过程中产生画面感或者达到情感共鸣,增进对美的理解。

二、播音主持意境美的营造策略

要想在播音主持中营造出完美和谐的艺术意境,创作者本人需要在对文字进行二次创作的播报中对自身有一个正确的定位,根据不同文本,在创作技巧和规律上表现出差异,即特殊问题特殊处理。只有这样,才能发挥出意境美在播音主持中的作用。

(一)创作主体对意境美的营造

播音主持的表现在很大情况上依赖于创作主体,也就是播音员、主持人,基于同一个播报文稿,不同创作主体会播报出不同的效果,就像"一百个读者就会有一百个哈姆雷特"一样。换句话说,创作主体的播报艺术表现力能产生最为直接的影响,因此播音员、主持人需要具备一定的理解能力和悟性,在播报之前对文稿进行充分了解与感悟,争取在播报时把文章的灵魂展现给听众。极为重要的是,即便文稿是自我撰写的,也应该跳出自我的固化思维,站在其他角度来审视并处理文稿。因此,在营造意境美的过程中需要注意以下几点。

1. 注重境的营造

张颂老师曾指出这样一个播音重点,播音员、主持人在播报文稿时不能字字揣度情感,应该把思维放开,立足于整篇文稿内容来进行整体性认识和深入理解。这一过程应落实于每次播报开始前,以保证播报前准备工作的完善,从而把稿件想要表达的画面感充分展示出来。例如,在马致远《天净沙·秋思》一词中:"枯藤老树昏鸦,小桥流水人家,古道西风瘦马。夕阳西下,断肠人在天涯。"一棵被枯藤缠绕的老树在斜阳里愈加惨败。黄昏归巢的乌鸦孤零零地栖息在老树上,江南小桥下是潺潺流水,河两岸住着几户飘着炊烟的人家。荒凉古道上,一匹瘦弱的马正迎着萧瑟秋风缓缓走着。这段景的刻画是通过一系列物象叠加组成的,这些名词前的形容词用得极好,把秋天的荒凉、凄冷淋漓尽致得展示了出来。既有静景又有动景,画面感扑面而来。在词的最后,在一片荒凉景象里,夕阳落下山头,留一抹残辉,浪迹天涯的游子孤身一人牵着一匹瘦马,缓慢走着,由远及近……只有播音员、主持人把握好整个词作的灵魂与画面感,才能以寥寥几句把一副秋日凄凉、游子远行的图景展现给听众。

2. 把握情的共鸣

艺术也好,技术也罢,缺乏情感融入的东西都显得枯燥死板。播音员、主持人在播报过程中应该认识到调动情感展开播报的重要性,在每个播报阶段根据情况适当加入自我情感。这样的播报会更有感情,在一定程度上来说,更能让听众找到一种情感上的共鸣。

(二)意境美的营造需要技巧

在对文稿进行再创作的播音主持过程中,意境美的营造要掌握一定技巧,这样可以避免走弯路,更快更直接地接近目标点。意境作为一种普遍又高深的艺术理念,对于它的营造,前人研究了有效方法和途径。经过研究分析,不难发现情与景基本上是共同存在的,它们相互交融、相互渗透,如果把它们割裂,就很难营造更好的意境。景中有情、情中含景不仅是文稿创作者要注重的,而且也是意境美的营造的关键点。其实播报稿件就像朗读诗歌一样,例如,在诗佛王维的《鸟鸣涧》中："人闲桂花落，夜静春山空。月出惊山鸟，时鸣春涧中。"这首诗开头的"人闲"，把作者安静闲适的心情展露出来，进而又通过"桂花落""夜静""山空"这种静景描写方法凸显春夜的安静，加之"月出"惊动"山鸟"，鸟声响彻在山涧中，以动衬静，动静结合。作者之所以能把"静"描写得如此自然，是因为作者本身就心静。因此，在朗诵这首诗的时候，应该眼前有一个安静的景，心中也应具备一种安静闲适的心情。把情与景完美地融合起来，再创作也会更上一层楼。

第六节 播音主持的综合美

一、播音主持综合美的内涵

（一）内容本质美

播音主持是"美"在生活中的一种特殊体现，在传播资讯、主持节目的同时，也能够带给听众美的观感与体验，从传播学的角度审视，播音主持也可以被视为具有鲜明的时代感与时效性的影视作品。由于听众的文化水平存在差异，播音员、主持人在创作过程中表现出来的正确的价值导向、思想观念，可以发挥舆论引导作用，带给听众积极正面的影响。当然，我们必须杜绝虚假新闻、价值观错误的播音主持内容，力求将充满正能量的内容展现出来，通过内容本质美让听众在播音主持过程中感受真善美、领悟人生真谛。

（二）形式表达美

播音主持的综合美不仅体现于节目自身中，而且表现在形式的表达上。首先，播音员、主持人在节目制作过程中，以标准的、规范的语言传达信息，这将为听众带来一种听觉上的美感。其次，播音员、主持人在播音主持过程中所表现出的情感，给观众带来了一种精神上的美感，这种体验在观众的心理上是一种审美体验。另外，播音主持还可以通过主持人的形象、得体的衣着和自然的表情来表现播音主持的美。这样既可以给广大听众提供更好的体验，也可以让他们从节目中体会到节目的内在美，从而推动播音主持向高质量方向发展。

（三）传播价值美

播音主持的综合美除了体现在内容与形式上外，还体现在传播方面。播音员、主持人在播音主持中，需要与听众进行互动交流，他们除了要有耐心，充分了解听众提出的意见外，还要实时掌握听众的各种需求，达到引导、服务听众的目的。另外，播音员、主持人要不断提高自身的业务技能，树立创新理念，保证广大听众从播音主持中体验到愉悦和美感。此外，播音主持的综合美在传播过程中是一种对真善美的宣扬、对假恶丑的揭露，其让人们能够从价值取向、思想观念以及审美情趣上步入主流，实现构建和谐社会的目的。

二、新时代对播音主持综合美的要求

播音主持是对社会舆论有导向作用的，对社会主义核心价值观的传播更具有重要的指导意义。在播音主持工作中，播音员、主持人要立足于现实，充分认识当前的社会状况，多注意社会热点，同时播音员、主持人要勇于和敢于站在群众的角度揭示各种社会问题，为人民群众发声，并对人民群众进行正确的舆论引导，从而充分发挥播音主持的社会价值，展现播音主持的综合美。

在处于信息化时代的当下，面对大量涌现的新媒体平台和爆发式增长的各种信息，现代的播音员、主持人在主持节目和传播信息时更要注重对社会主义核心价值观的传递，这就要求播音员、主持人不仅要具备良好的主持能力，而且要不断丰富自身阅历，增强自己的人格魅力，以此在日常工作中积极地传播主流思想，有意识地传播社会正能量，对大众产生积极正面的引导作用。

（一）内容新颖

播音主持在融媒体的大环境下发展，不仅需要呈现多元化的表现形式，更需要创作新颖的内容。内容是节目的核心所在，为了提高节目的质量，展现有内涵有深度的艺术节目，就需要播音主持从业者以客观的角度为传播原则，融入创新艺术，既保证传播信息的客观性，又提高节目的观赏性。经济全球化对人们思想的影响是不容小觑的，人们也能通过更多的途径获取信息，播音主持工作者需要不断创新，优化内容，创作内容新颖、表现形式多元化的节目，关于时政类信息内容，要准确客观地进行传播。播音主持从业人员在创作时应围绕着社会热点，传播正确的思想和观念，起到正向的引导作用。

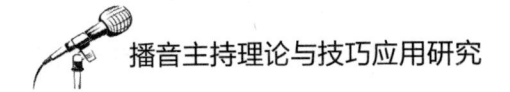

(二) 视觉享受

播音员、主持人的个人形象在节目中起着举足轻重的作用。通过展示与节目相适应的形象，可以更好地吸引听众，也可以让听众真正了解节目的宗旨。在社会和经济快速发展的今天，我国的传媒产业取得了巨大的发展，以往大众通过报纸、广播等媒介来获取各类新闻，而电视传媒的出现，不但改变了我们的审美观念，而且使人们受到视觉文化的影响，更加重视播音员、主持人的形象。所以，在一定程度上来说，在电视节目制作中，必须对自己的外形进行包装，这样才能符合节目的内在内涵，才能符合听众的外在需求。

例如，在央视热播的《朗读者》和《中国诗词大会》的主持人董卿、《开门大吉》的主持人尼格买提、《经典咏流传》的主持人撒贝宁等，他们在主持电视节目的过程中，都能够很好地将自身气质与电视节目相契合，从而为观众提供完美的视听体验。但值得注意的是，播音员、主持人的形象并不是一成不变的，其需要根据节目主题的改变而改变，而播音员、主持人外在形象的转换，既能够为观众带来新鲜感，也能够提高电视节目对观众的吸引力，更好地吸引观众的"眼球"。

(三) 富有活力

目前的播音主持与传统的播音主持有很大的差别，主要表现为传播信息的媒介多样化。在传统的广播主持行业中，主要的传播媒介是广播、电视，而在新时代背景下，传统媒体的辉煌不复存在，成为一代人的记忆，数字媒体、新媒体被普及。以短视频为例，短视频的发展是深入调研社会需求而产生的信息传播媒介，在快节奏的生活中，短视频以碎片化概念成功地满足了人们对时间的需求，这个是短视频发展迅猛的重要因素之一，对此播音主持人员为了展现综合美，应结合听众需求，创作富有活力的艺术作品，呈现富有活力的节目。播音主持不仅在内容和表现形式上要富有活力，还要提高节目的制作水平，节目的内容决定艺术创新方向，文化传播类节目的设计要融入文化元素，无论是节目内容还是主持方向，都应紧紧围绕主题，多维度地进行艺术创新，找到关联因素呈现富有活力的艺术创作。

(四) 具备语言艺术

播音员、主持人在播音主持中所使用的语言，不仅关系到自己本身的主持风

第六章 播音主持的审美特征

格,而且也关系到播音主持节目的整体品质。因此,要想掌握好节目的流程与速度,必须要有良好的语言表达能力。同时,播音员、主持人也可以通过展示自己的语言来展示自己的播音主持风格,这样才能更好地抓住听众的眼球。同时,播音员、主持人应自觉扬长避短,声音条件不是太好的可以利用自己的语言来弥补自己声音上的不足,进而进一步提升节目的品质,使其在听众心目中的形象更加深刻。此外,语言能力是一种综合的技能,它既包含了文字,也包含了身体语言,因此,播音员、主持人必须具备良好的语言表达技巧,对节目的节奏进行有效的控制,创造出一个好的节目环境。在这种情况下,播音员、主持人可以根据节目要求进行相应的语言调整,以达到符合节目语言特点的目的,避免让观众"出戏"。

三、播音主持综合美的营造策略

(一)提高播音主持人员的艺术专业素养

作为我国文化产业的重要力量,播音员、主持人自身的专业素养直接推动了文化产业的良性发展。所以,在传媒视野下,必须重视播音员、主持人自身素养的提升,为我国传媒行业的发展贡献一份力量。播音主持工作者必须以社会发展与自身为出发点,主动学习和积累专业知识,不断培养自己的文化内涵,并且逐渐形成自己独树一帜的主持风格。首先要提升自己的语言表达能力,同时还要提高自身的文化素养,避免在节目主持中语言过于生硬,此外播音员、主持人也要具备良好的知识积累,因此也需要多看书,多了解社会发展动态。

其实,播音主持工作兼具创新性与文学性。播音员、主持人在拿到稿件之后,需要对其中的内容进行处理、修改,使稿件和具体节目内容更加契合。这也就要求播音员、主持人自身必须具备良好的专业水平和综合素养,只有这样才能更好地开展主持工作,提高节目质量。因此,要想在融媒体时代展现播音主持的综合美,就必须要加强对播音员、主持人的培训,以此来提高播音主持技能水平,使其具备专业的知识与技能,满足播音主持工作的需求。例如,广播电台可以定期举办研讨会,让专业水平高的播音主持人员在研讨会上分享自身经验,提高其余播音主持人员的专业水平,使其具备专业的知识与技能,促进播音主持风格创新,满足观众多样化的需求。不仅如此,提高播音主持技能水平,还可以有效加深播音员、主持人对播音主持节目内容的了解,使其能够根据节目内容转变自己的主持风格,确保自身主持风格与节目内容相契合,从而提高节目质量,为

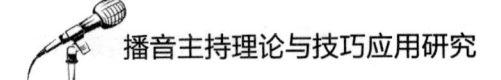

观众带来良好的收听体验。与此同时，通过这种方式还可以有效促进整个行业的发展进步，提高传统媒体的影响力。除此之外，广播电台还要积极引进专业水平高的播音员、主持人。如此，不仅能够有效提高播音主持水平，丰富广播电台的主持风格，满足群众多样化的需求，还能够丰富广播电台的人才储备，建立一支具备高水平、高素质的播音主持队伍，以此来促进传统媒体的发展，提升传统媒体的影响力和话语权，展现播音主持的综合美。

（二）端正职业态度

播音员、主持人难免会在实际工作中出现瑕疵与纰漏，如微笑时笑得不够自然，在播一些较为拗口的句子段落时，会出现稍微停顿的现象等。因此，播音员、主持人要梳理出这些经常出现的问题，并探索解决措施，从而不断完善自己的主持水平。如，有些播音员、主持人微笑起来没有露出六颗牙齿，针对这一问题，播音员、主持人要对着镜子一遍遍练习，直到达到标准为止。可能这种做法看似比较笨拙，但是最为奏效。

（三）加强培训播音主持人员的主持技巧

在传媒视野下，许多广播电视节目都已经实现了实时播出，表现出较强的互动特征，这一特征的呈现能够给人们带来更佳的体验，但同时也带来了诸多突发风险。在节目现场经常会出现一些突发状况，那么如何有效控场，保障播音主持工作顺利进行，就成了每一个播音员、主持人应思考的问题。为此，需要重视播音员、主持人主持技巧的培养，重点强化播音员、主持人的应变技巧，而这一技巧也是体现一个播音员、主持人良好素质的重要方式。比如，在湖南卫视的一档《我是歌手》节目中，出现了选手临时退赛这种突发状况，但是节目主持人汪涵凭借多年的主持经验与自身较高的职业素养，完美地化解了这一突发局面，体现出了播音主持技巧的重要性。

（四）创新播音主持内容

当前播音主持行业中的从业人员大多数是经过系统培训的专业人才，具有深厚的理论功底，在内容创作上具有一定的优势，对此播音主持的综合美要结合社会需求，跟得上时代的发展，通过内容的创新提高播音主持艺术的影响力，创作与时代相契合的艺术作品。新时代背景下播音主持人员的创新空间应以内容创新为核心，切实地开展提升内容的创作活动，拒绝空话、概念传播。播音主持就是实践的过程，内容的创作需要实践来呈现，在理论与实践的结合中，不能盲目地跟随热点进行抄袭，可以结合热点新闻以自己独到的见解进行信息传播，升华热议事件。以《朗读者》节目为例，该节目嘉宾以朗读者的身份带领观众走入文化的世界，共同感受文化表达的意义，以朗读者的身份提高文化的影响力，引领观众提高审美水平；这档节目的表现形式，从舞台设计到环节设计无一不展现出现代科技和现代元素，是独具匠心的播音主持艺术创作。

（五）明确播音主持人员的角色定位

明确播音员、主持人自身的角色定位，是在媒体融合背景下展现播音主持综合美的重要策略。在播音主持中突出播音员、主持人的主导地位，可以更好地呈现播音主持的特色。在媒体融合背景下，播音主持早已不是照本宣科地进行信息的播报，播音员、主持人在节目中充当着引导者、记录者的多重角色。明确播音员、主持人的主导地位，可以进一步增强播音员、主持人的节目引导作用，更好地串联节目；可以使播音员、主持人在节目中从当事人的角度出发引入话题，引发听众产生情感共鸣，获得听众的喜爱，增强听众对播音主持节目的认同感；可以对新闻事件进行准确记录，在高效传递信息的同时，进一步提升广播节目的传播力；可以打造出鲜明的节目风格，使节目更具辨识度，从而形成自己独特的"品牌效应"。

（六）提高听众在节目中的参与度

播音主持工作最终的服务对象是广大听众。如果能够提高听众在节目中的参与度，就能够大大提高听众的满意度。为此播音主持人员要从以下两方面努力。第一，播音员、主持人在参与节目编排时要增加一些与听众互动的环节，此举不仅能活跃节目气氛，还能给听众带来不同的体验，让听众感到自己被节目所尊重。例如，播音员、主持人在主持智力游戏类节目时，可以设计扫码互动环节，不仅能让现场的观众积极参与，而且还能发动电视机前的听众一起参与，营造出其乐融融的浓厚游戏氛围。第二，播音员、主持人要有与听众互动的热情。当听众与播音员、主持人进行线上线下交流的时候，播音员、主持人不要以忙为由忽视了听众，而是要积极回应听众。

（七）遵循发声的艺术性

1. 让播音主持艺术更具个性化

艺术个性象征着艺术境界里的一种独有风格和个人魅力，只要谈起该节目就能够令人立刻联想到这是哪位著名主持人主持的，只有这样，人们才会对节目回味无穷。

（1）要调动听众的想象力

播音主持不能像电视电影那样让观众通过眼睛去看，播音主持艺术大多是要靠听众的想象力的，播音员、主持人必须激起听众对事物的想象，否则听众很难对节目产生兴趣，最后也会造成节目达不到预期的效果。

（2）要来源于生活

播音主持是一门艺术，而艺术是从生活中来的，并且比生活更重要，因此，播音主持的综合美也是从现实生活中来的。在确定主持风格特征时，要兼顾自身的个性和现实，不需要完全照搬他人的风格，而是要充分了解观众的需要，并根据自己的特点，创造出一种独特的艺术形式，让观众产生共鸣，让节目获得认可。

（3）要极具个性魅力

众所周知，播音员、主持人的个性化语言越丰富，就越能感染到观众或者听众，比如说，著名节目主持人白岩松，他的语言就非常简练，常常语出惊人，使听众心潮澎湃，内心因此也很容易产生触动，自然会对他的节目过目不忘。因此，播音员、主持人的语言风格一定要独树一帜，最终达到别人可以模仿但是无法超越的境界。

2. 将节目人格化

从某种程度上来说，播音员、主持人的个性就是其品牌的一部分，影响着其播音主持的质量。播音员、主持人的个人魅力越大，主持的效果也就越好，换句话说，播音员、主持人的水平和节目的级别是成正比的。所以，播音员、主持人首先要对自己的性格有一个全面的认识，然后才能把它应用到节目中去，这样才能创造出一个良好的气氛，让播音员、主持人能够更好地表达自己，展示节目的风采，最后把信息传达到观众的耳朵里。为了能够达到这种状态，这就需要播音员、主持人具备敏锐的观察力，能够揣摩观众的心理，迅速做出反应，营造出一种令人热血沸腾的场面。播音员、主持人的主持风格与其性格有着千丝万缕的关系，要想把自己的节目做得更好，展现播音主持的综合美，就要把自己的个性和主持的节目结合起来，把节目人格化。

3. 提升播音主持人员的亲和力

亲和力在我们的日常生活中起着越来越重要的作用，有句话叫和气生财，播音员、主持人作为社会上的一个特殊群体，他们的亲和力就是荧屏上他们自我塑造出来的形象和观众欣于接受的一种心理反应。说到底，播音主持人员就是为听众服务的，如果所主持的节目脱离群众的生活，他们就不会有收听的兴趣，播音主持人员就没有存在的必要了。亲和力是一种在人际交往当中必不可少的黏合剂，人们往往更加愿意与亲和力强的人沟通和交流。亲和力是一种友好的表示，能够有效促使双方友好合作，因此，播音员、主持人如果具有正面的社会影响力，他的亲和力肯定强，他的节目就能深入人心，令人难以忘怀。所以为了提高播音主持的综合美，提升播音员、主持人的亲和力非常重要。

第七章 播音主持的品牌形象及语言规范

随着媒体融合的进程不断加快,广播电视节目的传播已经突破了时间和空间的限制,各类新媒体客户端以及短视频平台的普及,对传统的广播电视节目带来了较大的影响和挑战。对于播音主持人员来说,其业务水平成为影响节目质量的关键因素。本章通过系统分析播音主持的品牌形象与语言规范,总结播音主持人员在业务方面所存在的不足之处,进而提出提升其业务素养和职业能力的建议。本章分为播音主持人员的品牌形象及其管理、播音主持语言规范与分析两部分。

第一节 播音主持人员的品牌形象及其管理

一、播音主持品牌形象

播音主持是在广播电视的发展越来越成熟、节目的内容和形式越来越丰富时被受众关注的,播音主持人员不仅是节目的代言人,也是媒体机构的个性化形象品牌。因此,播音主持人员的形象形成是品牌形成不可或缺的重要组成部分。

所谓形象,不仅是指播音主持人员的脸部特征,还包括具有综合意义的整体形象,是在具体的节目中能够左右受众情绪的具体形态。有丰富内涵的广播电视节目的播音主持人员的形象不是平面的、单一的,而是立体的、多元化的。

(一)外在形象

播音主持人员的外部形象是指受众心中对播音主持人员外观的整体印象,如面部特征、穿着等。美丽的外部形象可以让受众赏心悦目并获得美感,可以为播音主持节目增添光彩。在日常生活中,人们的第一印象通常始于视觉。一些研

第七章 播音主持的品牌形象及语言规范

究表明，在与人会面的前 7 秒内，第一印象是外部形象，占总体印象的 60%。第一印象的质量决定了人们的好恶。如果播音主持人员的外部形象恰当合适，则会给受众留下好印象。受众在接受节目主持人的同时自然会接受节目。因此，广播电视节目主持人不能忽视外部形象。对播音主持人员外在形象的塑造主要包括化妆、服饰、体态等几个方面。下面就服饰和体态两个方面进行具体介绍。

1. 服饰形象

（1）贴合节目风格

服饰作为一种无声语言的传播符号，发挥着传递信息、交流思想、塑造品牌形象的特有价值。央视造型师徐晶曾说："主持人的造型首先要根据节目性质定位，其次要以主持人的个性定位，最后是以外形条件定位。"所以，播音主持人员的服饰要贴合节目定位与风格。如新闻类节目多以正装西服为主，娱乐类节目以时装为主，等等，受众也可以通过服饰来判断节目风格。举例来讲，在自然景观专题节目中可以根据自身特点，穿着白衬衣搭配蓝裙子，除了与蓝天白云交相辉映，白衬衣还隐喻人民群众圣洁的心灵，蓝裙子隐喻湖泊的清澈，紧扣节目的人文风格，在美观的同时发挥服装语言的潜在作用。

因此，播音主持人员的服饰不能以个人喜好为主，以免造成播音主持与节目风格不符，降低受众对节目的认同感和可信度。在确定节目主题后，根据时间、地点、内容主旨、现场环境等因素的有机结合，选择适合节目风格的服饰，既能凸显播音主持人员的审美品位，也能给受众带来美的享受，达成场景与节目的和谐。

（2）体现职业形象

播音主持人员作为公众人物，相貌仪表是否得体至关重要。尤其在面对镜头时，播音主持人员的服装要体现职业形象。塑造良好的职业形象也是增强受众对节目认同感的一种手段。

俗话说："人无完人。"播音主持人员要清晰地了解自身的优势与劣势，根据自身的体形容貌、个性风格等因素扬长避短。在服装的选择上不能出现斜肩深V、暴露浮夸等不合时宜的服装。作为一名合格的播音主持人员无论面对什么类型的节目，都要时刻注意自己的职业形象。

（3）传播民族文化

服装色彩专家于西蔓表示，"任何一种显性因素的外在表现，最终都会显现隐性因素的一些特质"。除了衣着本身的使用价值外，还可能传达一种特定的文化、思想、情感。播音主持人员的服装作为一种传播符号，应服从节目主题的需要。例如，在《远方的家》（长江行）节目中，主持人谭文颖乘坐知音号游览长江时，与游客一起换上20世纪30年代的服饰，置身于武汉的码头。这样不仅可以使主持人切身体会中国旧时代的民族文化，也能让受众通过视觉传播符号更加直观地感受旧时代的民族气息，营造一种亲临其境的效果。

再如，在某毕业作品《你好，摩梭》中，主持人对非物质文化（甲搓舞、走婚）和摩梭物质文化（猪槽船）进行介绍时，选用的是当地特有的传统服饰——百褶裙。百褶裙作为一种无声语言的传播符号，表面意思是向受众展现摩梭服饰的实用价值，实际意义则是通过百褶裙彰显摩梭人独特的服饰文化，起到保护与传承民族特色、深化主题思想的作用。

2. 体态形象

（1）得体的姿态

体态语是一种无声语言符号，将内在的气质、风度、品格转化为外在的表现形式，在传播信息、表情达意中不容小觑。体态语最早由美国雷·伯德惠斯特尔教授提出，他认为有声语言占信息传播的35%，无声语言占信息传播的65%。所以，想要塑造优秀的主持品牌形象仅靠声音是远远不够的，还必须巧妙地运用好体态语。

恰到好处的体态语可以起到辅助表达、丰富情感、强化信息等作用。反之，则有可能产生干扰信息传递等影响。播音主持人员的体态美可以分成静态（坐、立）和动态（行、走）、有意和无意几种类型。例如，新闻类、访谈类节目多以坐姿为主，娱乐类、少儿类节目多以站姿、走姿为主，专题节目则多以站姿、走姿为主，坐姿为辅。

（2）准确的手势语

威尔伯·施拉姆在《非语言符号的性质》中写道："手的表达能力仅次于脸。讲话中抑制的无意识冲动往往可以从手的动作、位置和紧张程度上看出来。"手是人体最灵活的部位，播音主持人员在语言表达的过程中，通过有意识的手势辅助来描述事物的大小、形状、方向，无意识的手势动作也暗喻着内心的态度和情感，同时透露着播音主持人员清晰的思维、恰当的节奏。

手势语是协助信息传递的一种直观表达符号，也是展现情感变化的辅助手段。另外，当有声语言和手势语稍有不一致时，受众更偏向手势语的引导。手势语的运用会第一时间给受众造成视觉上认知的偏差，直接影响信息的传播效果。

第七章　播音主持的品牌形象及语言规范

（3）生动的表情语

心理学家艾伯特·梅拉比安认为，在信息传播中，说话占7%，态度占38%，表情动作占55%。"身势学的创始人伯德惠斯特尔称，人脸可以做出25万种不同的表情，如此丰富的传播手段是任何语言都难以描述的。"我们可以看出，表情语在播音主持品牌形象传播中至关重要，而表情语中最为突出的就是目光语和微笑语。

受众通过表情语可以体会到播音主持人员的喜、怒、哀、乐等几十种丰富的情感，播音主持能把每一种情感很细腻地传递给受众。例如，央视主持人国晓飞很会利用表情语进行交流，在《文化密码》节目中，得知村民种梨一年能挣二十多万时，水汪汪的眼睛表示吃惊与赞叹；在介绍梨花能做成丰富的菜品时，灵动的目光表示欣喜与佩服；在谈到叔叔阿姨的婚姻时，眯成月牙形的眼睛、甜甜的微笑表示羡慕，随时随地向受众流露着一种幸福与甜蜜。

总的来讲，广播电视节目播音主持人员首先必须准确把握节目的目的，了解节目的内容范围和形式风格，特别是要注意节目与节目之间的区别；其次，要清楚地了解该节目的目标受众。播音主持人员的品牌形象设计与节目的内容必须和谐统一，这样才能使节目成为一个整体，完成内容的传播，并且给受众带来最佳的视觉效果。

（二）内涵形象

美学认为，美是主体与客体之间的理想关系。美丽的东西是理想的内容和它的情感形式的和谐统一。

播音主持人员想要引导现场受众的情绪、成为节目起承转合的引导者，不仅需要良好的外在形象，而且需要丰富的文化底蕴和人生阅历，如果没有这些作为基础，播音主持人员很难得到媒体和受众的认可，更无法建立播音主持人员的品牌。

1. 思想素质

播音主持作为节目的最后一环，在完成信息传播的过程中对政治思想的把握尤为关键，播音主持人员的思想政治水平必然会影响节目的传播，进而有可能影响受众的价值观。国家在这方面也对播音主持人员提出了明确的要求，所以播音主持人员在政治方面、道德方面都应有准确的把握，把祖国、人民、民族精神和国家利益摆在第一位。保证节目信息的真实性和准确性，并传播健康、先进的文化。

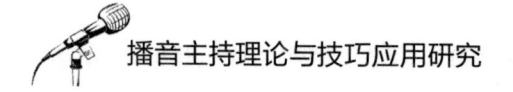

播音主持人员作为行业中的一股重要的力量，思想政治水平的提升自然特别重要，只有保证合理合法的价值观念，才能建构正确的理论框架。

2. 文化素养

播音主持人员必须具有适当的文化修养，如果没有知识的储备，那么播音主持将不可避免地变得无聊和乏味，也就没有办法形成自己的主持风格，更不用说打造主持品牌。多角度、多方位的知识积累和交叉融合，不仅可以改变一个人的知识结构，同时也直接影响到人的思维方式，使他们能够对事物有更为深刻的认识，进而构成了自身的知识体系。从构建和谐社会的角度出发，有学者认为，当前的播音主持人员尤其需要提高自身的文化修养。拥有较高文化素养和深厚文化内涵的播音主持人员制作的节目，看起来自然与众不同。

3. 艺术素养

艺术，在《辞海》解释为："通过塑造形象具体地反映生活、表现作者思想情感的一种意识形态。"艺术来源于社会劳动实践，播音主持的艺术美是指将生活中的自然美以节目的形式展示给受众。

作为一名传媒工作者，不仅要有较高的业务水平，还应具备深厚的艺术素养。信息的高速流通，使受众可以便捷地接收五花八门的内容，进而导致其对播音主持人员能力和阅历的要求也水涨船高。播音主持人员不仅要能说会道，还要说得有内涵、有思想、有深度，讲述的事件要使受众产生精神上的共鸣，这些都离不开多门艺术学科的融会贯通。如《远方的家》主持人王端端就读的是国际金融专业，《流行无限》主持人杨阳学的是播音主持与物流管理专业，《走进非洲》的主持人刘芳菲学的是日语专业等。

播音主持人员的艺术修养指的不是刻意去表现他的"艺术"特长和能力，而是知道常见的艺术知识，懂得一般的艺术原理，掌握一项专门的艺术技巧。

4. 个性气质

个性气质也是播音主持人员的内涵形象之一，可以通过以下几种方式培养播音主持人员的个性气质。

（1）发挥个人的先天优势

每个人都有属于自己的个性气质，从他出生的那一刻起，父母就赋予了他先天遗传的潜在特征。伴随着后天环境的潜移默化，通过人际交流转变成可感的个性气质。例如，撒贝宁最初凭借主持《今日说法》节目被受众熟知，但使其人气迅速高涨的主要是后来的《经典咏流传》《加油，向未来》《2019央广主持人大赛》等综艺节目。

第七章　播音主持的品牌形象及语言规范

（2）形成独特的个性特征

个性是长期吸引受众的法宝，可分为先天遗传与后天养成两个方面。由于每个人的成长环境、家庭背景、接受教育程度不同，这些对后天的逻辑思维、情感流露、语言表达、生活阅历等方面都会造成诸多影响，所以，后天个性的养成比先天遗传因素更为重要。

广播电视节目可以由一位或多位播音主持人员共同完成，受众会下意识地对播音主持人员进行比较，这就需要播音主持人员拿出自己的"本领"，以赢得受众的喜爱。举例来讲，《远方的家》之所以经久不衰，是因为每位主持人都有独特的风格，聪慧睿智的吴丹、诙谐幽默的孙亚鹏、见解独特的王静、温文尔雅的李七月等，成为节目吸引受众的独特之处。

（3）与时俱进的独特气质

公元前5世纪，希腊医生希波克拉底和罗马医生克劳迪亚斯·盖仑提出了气质的概念。气质是指人的个性特征、风格气度等内在美、精神美，是一个可以感觉但不可捉摸的事物，一种可言说不可模仿的风韵。它必须通过人际交往表现出来，受众可以通过眼神、谈吐、举止动作等方面感受播音主持人员的气质美。气质美在短期内是模仿不来的，是一个长期培养与积淀的过程。

万州在《当代成功气质分析报告》中指出："每个时代都有符合其时代特征的气质要求，即时代气质。"气者发自于内也，质者亦生成于内。播音主持人员可以通过"充内形外"的方式不断提升自身的气质美。"充内形外"是指播音主持人员的气质由内而发，将丰富的内心世界外化于举手投足、一颦一笑之间。所以，播音主持人员的气质美是由内在的精神美所决定的。

（三）综合形象

1. 语言表现

语言表达能力是播音主持人员的基本能力，基本的要求：具有良好的语音面貌、思路清晰。

广播电视节目和播音主持的特征决定了播音主持人员独特的语言特色。播音主持人员对语言的运用，要能够制造气氛、控制气氛、明确主题。播音主持人员需要重视交流，语言要做到亲切不谄媚，是自然的，不是随便的。播音主持人员的表达通常是在短时间内头脑快速完成信息的加工和抽取，并马上脱口而出，因此其要努力使这种即兴的表述更加准确、规范、流畅，以此达到更好的节目效果。

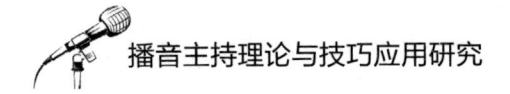

应当指出,语言应该植根于深刻的内涵,而不是刻意制造一种陌生感。

综上所述,对于广播电视节目而言,播音主持人员表达的内容必须是有意义的,口才好,有趣、准确,生动幽默才会让受众满意;声音形式应当富于变化,注重真实不做作,这样才能充分调动受众的情绪。作为播音主持人员一定要清楚广播电视节目的要求,认真学习、勤于练习,使自己的语言能力得到提升,由此才能够塑造真正优秀的播音主持品牌形象。

2.情感交流

在广播电视节目中,情感至关重要。情绪所带来的艺术感染力能大大增强艺术的传播效果。通过合理的情感释放,播音主持人员与受众形成了共鸣,打造了一种共同参与感,使得节目更加丰富和饱满。在主持过程中播音主持人员应当对受众的情感感同身受。播音主持人员应冷静地与受众沟通和交流,适时地鼓励每个人,让受众意识到自己能够充分理解他们的内心感受。

然而,情感交流并非毫无针对性,需要认真地衡量,这也是播音主持人员应该具备的基本技能。具体来讲,需要做到以下几点。

(1)杜绝刻意表演

主持人到底是不是在表演?这一直是个争论不休的话题。目前,学术界有三种观点,一是不需要表演,二是需要表演,三是适度表演。有学者认为,大多数广播电视节目都需要客观地展现真实发生的人和事,播音主持人员只是一个引导者。所以,播音主持人员在情感表达上也应流露真情,一切都要顺其自然。

举例来讲,《远方的家》(边疆行36集)主持人彭祖在前往澜沧江采访时得知,溜铁索过江是村民与外界唯一的交通工具,两根绳子是唯一的保护措施,这导致许多小孩儿因为害怕从未走出过村落。主持人一度语噎流泪,难以控制自己的情绪。这里的眼泪不是刻意的表演,而是信息传递过程中的真情流露。所以,受众期待看到的不是主持人故作惊讶、故意煽情、故装矜持的演技,而是能够接受的恰到好处的"夸张"、点到为止的"表演"。

(2)运用移情策略

朱光潜认为审美主体与自然物应双向移情,从而形成"物我合一"。在他的观点中,不是由人到物的单向移情,而且是人与物的双向的"广义"移情,这正好是在播音创作中也存在的移情现象。这种移情强调的是交谈者的情绪会感染播音主持人员,从而影响播音主持人员的心理及语言。

(3)注重人文关怀

"人文关怀发端于西方的人文主义传统,核心在于肯定人性和人的价值。"在这里是指播音主持人员要一切以人为中心，尊重人的个人价值，重视人的思想感受。随着广播电视的发展，播音主持人员传播的视角也发生了巨大的变化，从以前的"以传者为中心"到如今的"以受众为中心"，从"俯视"转为"平视"的视角，说明了播音主持人员不再是高高在上的冰冷形象，而是以平等亲切的方式与受众沟通与交流，关注社会弱势群体，引导正确的社会舆论，站在公正的角度用心感受、用爱发声。

有些广播电视节目是对特定的人或事进行深入报道，对此，播音主持人员应时刻站在受众的角度上，思考受众想要听到什么、看到什么，通过什么样的表达方式，可以让受众听得舒心，看得满意，真正做到为受众所想，为受众所用。

3.控场应变

很多广播电视节目的播出方式是直播，播音主持人员的即兴创作能力是节目制胜的关键。这种能力对于播音主持人员而言非常重要，因为在录制一些节目时嘉宾和受众也会在节目现场。而播音主持人员作为节目的串联者，对于节目内容的把握和节目进程的推动责无旁贷，灵敏急智、从容控场是播音主持人员必须具备的重要能力。

综上所述，美感寓于真实与自然之中，受众最期待的美感是朴实而自然的。

二、播音主持人员的品牌形象管理

一名优秀的播音主持人员要对自身的品牌形象进行综合管理，维护良好的品牌形象。有学者认为播音主持人员品牌形象的管理应按照"前期规划评估—中期塑造精度—后期危机处理"这几个步骤去制定相应的管理方案，由此才能更好地实现播音主持品牌形象管理应有的效果。

（一）前期：播音主持品牌形象规划评估

什么是形象管理？简言之，形象管理也称为印象管理、印象整饰，意指人们在相互交往中有意地控制别人对自己形成各种印象的过程。在这个过程中，作为公众人物的播音主持人员势必要对自己的品牌形象进行规划和评估。21世纪初期，我国兴起一份新兴职业——形象设计，并且列入国家职业名录当中，由此可见形象设计在当今社会上已经具有一定的影响力。按照一般理解，形象设计也叫作形象规划，大致意思是表达对于形象主体来说，未来应做何计划，并按照一定的"规划原则"制定，即具有前瞻性、纲领性和一致性。播音主持人员的品牌形象也可按照此原则进行规划，从而对自身品牌形象进行对照评估。

"规划"这一词所表达的意思是面向未来的一种行为，所以播音主持人员的形象规划要具有前瞻性。播音主持要对自身有全面的认识，不可盲目追求所谓的时尚与时髦，要清楚地了解自己应该具备什么样的个性，在当下的时代背景下应该追求什么样的品牌形象，对于未来的前瞻性认知一定不能缺失。

"规划"这一词同时表达一种有意识、有目的活动，所以播音主持人员的形象规划要具有纲领性。对自身形象进行规划时要有一个清晰的目标，围绕目标进行合理的规划安排。播音主持人员在担起播音主持这份工作之前，要对自身的品牌形象有规划，不可亦步亦趋。规划的安排也不能脱离自身个性和所处环境，如果悬殊太大则证明主方向背道而驰，这样的规划方案是没有价值可言的。

"规划"还要注意最重要的一点，那就是一致性。一致性也体现为形象主体的身份和表现一致，所以对于播音主持人员来说，要与广播电视媒介一致，要保持台前幕后所呈现的形象一致。如果与之形象迥异，不仅会影响其个人形象，甚至会影响整个节目的形象。

播音主持服务于大众传媒，而大众传媒又是社会中最重要的组成部分，它不仅仅影响着人们的日常生活，更是关乎整个国家的经济、政治、文化等方方面面。作为一名播音主持人员，对于自身品牌形象的规划和评估要紧跟国家政策的变化，适时做出改变和调整，寻求自身发展的新路径。

（二）中期：播音主持品牌形象塑造精度

品牌形象管理的第二步是落实行动计划。顾名思义，就是对其形象主体进行塑造。形象塑造是形象主体在有意识的形象指导下借助传播活动所进行的一切实践活动。播音主持人员在自我品牌形象管理塑造过程中，除了要注重外在形象包装和顺应当下媒体环境以外，还要重视中华民族文化传统和大众的审美意识和鉴赏能力，在感染力、感召力等方面不断提升内在精度，做到既有"意思"还有"意义"。

艺术有很多种可能性，艺术的精品标准也大相径庭。对于播音主持人员而言，其承担着信息传播、舆论引导、文化传承的重任，有时会认为和大众娱乐、市场需求相矛盾，不符合当下娱乐的"调性"。无论市场多么千变万化，播音主持人员在自身品牌形象塑造和优化过程中都要提高内在的精度，切不可失去自身风骨，更不能随波逐流。

第七章　播音主持的品牌形象及语言规范

追求"思想的进步"是每一个优秀的播音主持人员应该具备的信念。没有"思想"的品牌形象向大众所呈现的就是一堆"皮肉",没有"价值化"就会变成一个"精神乞丐"。播音主持人员终究脱离不了"文化"给予自身品牌形象的强大力量。董卿曾在一次采访中提到自己从主持人到制片人的转变,她坦言无论是主持人还是制片人,终究还是一名"电视人",希望自身能在形象塑造上有所突破,不仅仅局限于外在包装,更重要的是能够给受众带去更有力量的东西,让受众能够对中国电视有一个新的认识,这也正是中央广播电视总台对于培养新时代的媒体人正在努力的一个新方向。

(三)后期:播音主持品牌形象危机处理

品牌形象管理的最后一步,便是危机处理,这是在播音主持人员品牌形象管理中最为重要的一点。对于组织而言,形象危机是指导致形象受损、品牌信誉受损、品牌产品销售量下降,甚至影响到企业形象的突发事件。同理,对于播音主持人员而言,形象危机则会导致媒介组织声誉受损,严重影响其品牌信誉,尤其是在当下的互联网时代,形象危机更是一触即发。播音主持人员作为社会公众人物,在受到关注的同时也被大众所监督,说错一句话、戴错一件配饰、穿错一件衣服甚至是做错一个小小的举动都会导致声誉受损。例如,新闻联播主播打哈欠、播音主持人员在微博发表不当言论等。在实践中遇到危机事件,播音主持人员应该做到快速处理、主动处理、真实处理、理性处理。

首先是快速处理。在互联网时代,一些形象主体的负面新闻会在极短时间内快速传播扩散,播音主持人员面对这种危机状况,首先应做到快速做出真实、客观的回应,积极争取有关部门的帮助。

其次是主动处理和真实处理。"主动"和"真实"表明形象主体的一种态度、一种诚意,这是一种积极的应对态度。如果面对事件选择逃避或者说谎,危机就会立马恶化,进行恶性循环。其实主动处理和真实处理实质上是在掌握一定的主动权,能够在第一时间澄清事实真相,不遮遮掩掩,可以有效控制形势的发展走向,以便于及时止损。

最后是理性处理。遇到危机时大多数人都会自乱阵脚,而恰恰在这个时候更要沉着冷静,理性应对危机,分析当下态势,理性体察所处的环境,这才是化解危机的正确选择。

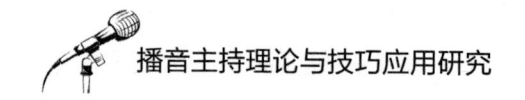

第二节 播音主持语言规范与分析

一、播音主持语言规范的界定

（一）语言规范定义

"规范"有名词、动词和形容词三种词性。作为名词，规范的意义为人们明文规定或约定俗成的标准。动词意义是指按照既定标准、规范的要求进行操作，使某一行为或活动达到或超越规定的标准，如规范管理、规范操作。作为形容词，规范是指所做的事情等符合规范。广播电视播音主持语言的规范是指播音主持人员在播音创作过程中使用国家通用语言即普通话在语音、词汇、语法等方面达到约定俗成的标准。

播音主持人员用语言进行表达的过程，也就是进行播音主持创作的过程，需要运用内部技巧和外部技巧来使得其播音主持活动具有可感性。所以播音主持语言的规范是一个系统问题，不仅仅指语音的规范，还包括语法、传播技巧等方面的规范。播音主持的发声是解决语音清晰、准确、规范问题的重点关注内容，而传播技巧服务于发声，使得传播效果更佳。

（二）语言规范特点

1. 相对性

现阶段广播电视媒体主要以中央级媒体播音主持人员的语言作为规范化的代表，其在语言传播样态、表达过程以及主持流程等方面都达到了较高标准。但是各地方普遍存在着广播电视受众相对较少的问题，受众群体具有鲜明的语言习惯和文化特色，尤其是部分少数民族地区，广播电视受众对于带有自己民族语言特点的播音主持人员的语言表达方式更加青睐。同时各地区的媒体机构在对播音主持人员进行培训时也会对当地的民族语言表达方式更加重视，因此，地方媒体机构为了更好地满足当地广播电视受众的特殊化需求，也会采用地方语言进行播音主持，这与语言规范要求也是相符合的。

2. 层次性

对播音主持进行语言规范，需要从三个层面入手：首先，确保语言规范的正确性，避免出现语法错误，应严格按照当前语言规范标准进行播音主持；其次，确保语言规范的准确性，通过良好的语言组织对信息内涵进行准确表达，从而与受众之间达成认知共识；最后，应确保语言规范的美感性，播音主持人员要在语言中充分融入自身情感，不断提升信息传播效果，使受众能够获得更好的视听享受。

3. 差异性

由于各媒体机构节目形式较多，不同形式的节目也需要采用不同的规范和要求，这就使得播音主持语言的规范存在一定的差异。如新闻类节目的播音主持与娱乐类节目的播音主持因各自受众群体及播报内容的不同，在遵循规范的基础上需要适当地增强语言表达形式的多样性，突破语言表达固定形式的束缚和局限，使节目制作水平得到有效提升。

4. 引导性

播音主持人员承担着重要的传播及引导责任，能够通过自身规范的语言充分发挥表率作用，加快标准普通话的推广速度。规范化的语言，能够使媒体机构的整体形象有效提升，进一步提高节目品质。因此，媒体机构应从播音主持的语言结构、语法、内容、语音等方面入手，通过规范化的运用，使节目语言的审美价值得以充分体现。

二、播音主持语言规范的重要性

（一）利于发挥示范引导作用

语言的标准化经历了漫长的过程，文明的传承都是以规范语言为纽带的。目前使用的"普通话"，也是当前社会发展的必然产物。国家通过立法，确立了普通话作为通用语言的法律地位。规定电台、电视等媒体必须使用普通话，作为主持节目的标准语言。主持人员要持有强烈的责任感，及时纠正"不当用词"，以避免由此给社会带来负面影响。

在新媒体快速发展的今天，媒体的作用影响已经突破了时间及空间的限制，将信息快速传播到世界的各个角落。主持人的语言起到了一定的示范作用，影响着受众的语言习惯。相关法律规定，媒体相关单位有责任推广普通话的应用，应严格使用规范性语言。

（二）利于提升媒体公信力

广播电视媒体作为主流媒体之一，承载着传播新闻信息、引导社会舆论以及弘扬正能量的作用，在社会稳定发展中发挥着至关重要的作用，同时也在受众日常生活中占据重要地位。因此，播音主持人员需要不断提升自身的专业素质和技能。其中规范使用语言作为最基本的技能之一，要求播音主持人员不仅能够正确使用普通话，还应准确掌握字词句的使用语境及意义，防止引起歧义，这也是广播电视媒体可持续发展的重要保障和必然要求。

另外，规范播音主持人员的语言，能够提升受众对广播电视媒体的信任度和关注度，进一步增强媒体社会影响力和公信力，同时有利于广播电视媒体更好地应对日益激烈的市场竞争以及新媒体带来的冲击，有效维护自身的社会地位。

（三）利于有效推广普通话

1956年，国务院发布《关于推广普通话的指示》，在全国范围内推广普通话。直至今日，推广普通话依旧是我国的一大关键政策。而从事媒体行业的播音主持人员是党与国家的喉舌，在推广与普及普通话的环节中，应当起到带头作用。广播电视这一传统媒体作为孩子们幼年时的玩伴，陪伴他们长大，孩子们的心智不够成熟，明辨是非的能力不足，他们会学习自己看到的内容，因此，播音主持人员应当重视媒体对民众的教育效果。只有确保语言的规范性，民众才能获得正确的教育与指导。之前诸多广播电台和电视台均具备语言类节目，可是，地方类节目的受众范围较小，只适合在当地进行传递。我国地大物博、幅员辽阔，有一句话说得好："十里不同音，百里不同俗"，各区域之间假如没有规范化的语言，势必会给生活造成很大不便。因此，推广普通话是我国一项至关重要的政策，播音主持人员更应该履行好自身的使命，去宣传和推广普通话。

（四）利于塑造播音主持人员的良好形象

通过规范播音主持人员的语言，有利于打造其良好形象，使其能够逐渐形成独特的个人风格，进一步提高广播电视节目的传播效果。播音员和主持人在提升语言表达能力的过程中，可将维持对受众的吸引力作为一项主要目标，在播报新闻的过程中，在借助姿态、眼神等肢体语言与受众交流的基础上，结合播报内容，合理运用声音的感染力与穿透力，维持受众对播报内容的兴趣，以此提高受众的忠诚度，使其更加习惯于通过广播电视获取相应的新闻信息。

（五）利于推动媒体持续发展

从语言的起源与演变层面来看，语言首先是氏族或部落在劳动与生活过程中汇总的语言与词语，进而构成地域性的语言。随着时代的改变，各个地区的语言逐渐融合，形成了在较大范围内应用的语言。我国本身就是一个多民族大国，各区域之间如果只通过方言进行交流，肯定难以展开充分沟通。同时放眼世界，我国现在有了全新的政策——"引进来，走出去"。因此，随着全国范围内广播电视节目的增多以及国家之间的沟通愈加频繁，语言规范成为一种时代发展趋势。

民众只有在共通的语言环境下，才能够使其能指与所指趋于一个方向，进而建立一个具有内涵的语义空间，才能够对节目所传递的内容有更加深入的认知，同时也不会使节目陷入只适合某区域民众观看的尴尬境地。播音主持人员作为党和政府的"喉舌"，应当肩负起应有的社会职责和义务。

身为公众人物的播音主持人员应当时刻清楚自身所代表的不只是个人，因此，不应随意发表不恰当的言论，应当时刻注意自身的言行举止，以免给社会造成负面影响。在工作过程中，坚持播音主持语言的规范性，不但是自身专业的要求，更是工作的职责所在，也是让广播电视媒体持续发展的有效策略。所以，新媒体时代下播音主持人员应当重视语言规范问题。

三、播音主持的语言规范问题及其产生原因

（一）播音主持的语言规范问题

1. 水平参差不齐

现阶段，我国各大高校所开设的播音主持专业课程不断增加，相关专业人才也越来越多，这使广播电视媒体的竞争力得到不断提升。但是，由于广播电视播音主持专业录取门槛下降，以及播音主持标准和要求参差不齐，现在不少毕业生整体专业素质和业务能力不理想，进入工作岗位后，极易出现难以适应不断发展的播音主持工作要求的情况，导致播音主持人才整体综合素质有所下降，对我国广播电视播音主持行业的可持续良性发展造成了不利影响。

2. 发音不准确

相关机构调查研究成果表明，播音主持人员的语音问题较为常见，不对其进行及时处理的话就会影响节目语言的规范化。举例来讲，部分主持人在读"儿母"的阳平与上声时发音开口度往往过大，甚至会发出 ar 的读音；还有一些主持人对阳平与阴平声调的把握不够准确，部分来自东北地区的播音主持人员的发音表现出明显的区域性特征，这一点在说话与诵读环节体现得格外突出；另外有一些主持人在读 uan 和 ian 时对 a 的发音把握不准，开口度过大或过小；以及一

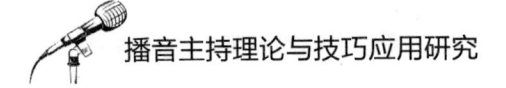

些主持人在读后鼻音时尾音较靠前，读前鼻音时尾音较靠后，在后鼻音韵母出现时对 ng 的整体发音过于靠前，或者欠缺前鼻音韵尾 n。

3. 表述方式不合理

部分主持人存在滥用病句的情况，在播音过程中经常会使用与日常用语不一致的语句，或者会出现语言表述过于烦琐、少数语句不合逻辑、语义模糊不清等问题。在表述的时候应用了部分语义存在矛盾的语句，有时短语的构造不科学，主谓宾和修饰语句与中心词语搭配不当。一些主持人在节目录制过程中不重视语法规则，语法构架不科学，许多语句违反了语法的基本原理。还有一些主持人在播音主持工作中用到的虚词不够恰当，对部分近义词的差别理解得不够到位，时常发生误用近义词的情况。还有少数主持人在播音过程中使用方言词汇，使得民众难以理解。

4. 语言态度不严谨

在新媒体时代下，少数播音主持的语言立场会被民众认为代表了官方媒体的态度，所以，相应单位要高度关注播音主持人员的语言态度。有时候，许多播音主持人员为了探求真相会忽视被报道人的基本隐私权与社会利益，忽略节目本身的社会价值。总之，播音主持人员在节目中揭示各类社会问题时必须严格遵守基本的道德准则，不能出现浓烈的个人色彩，坚决不能给民众做出错误的示范。

5. 创新思维和学习意识较为缺乏

新媒体的产生和发展加剧了媒体之间的竞争，同时也对播音主持人员提出了更高的要求，需要对当前媒介发展态势加强理解和认识，对自身工作技巧不断优化和创新。但在实际工作中，不少播音主持人员缺乏与时俱进的观念，对语言规范的重要性缺乏认识，对播音主持的技巧创新缺乏重视，不断降低对自我的要求和工作标准，主持基本功训练力度不够，导致播音主持风格陈旧、单一，缺乏创意，极易给受众造成审美疲劳，使广播电视节目收视率受到严重影响。

6. 网络语言甄别使用能力有待提高

相关媒体机构在对播音主持人员进行选择时只重视主持人的广播电视播音能力是否符合要求，往往忽略了深入了解播音主持人员的思想道德修养，缺乏正确价值观和世界观的主持人在主持广播电视节目时可能会出现随意使用网络语言的问题，不能做到谨慎地使用网络语言。

(二) 播音主持语言规范问题的产生原因

通过对播音主持语言规范问题的统计分析，可以看出播音主持人员在业务

第七章 播音主持的品牌形象及语言规范

素质上还有提升的空间。即使是作为国家级电视台的中央电视台也存在着语言问题，各级媒体机构的情况可想而知。当前播音主持语言出现各种问题的原因有很多，"从理论层面分析，这是广播电视在确定其价值取向时，过分强调贴近和迎合受众，忽视其引导功能带来的后果"。从主观方面说，播音主持人员规范意识不强、态度不够端正，对自己的身份定位不准确，自身素质不高等影响了播音主持语言的规范性。从客观方面说，外来文化的影响、从业人员数量的激增以及海量的信息对播音主持人员带来的挑战等因素都是不可忽视的。

1. 主观层面

（1）规范意识有待提高

根据相关调查结果可知，播音主持人员的语音问题特别是声调问题始终占很大比重，一定程度上反映了播音主持人员的态度不够端正，备稿不充分。如果播音主持人员备稿充分，拿不准的字勤查字典的话就不会出现那么多语音错误。播音主持人员的规范意识不强也是造成语言问题的原因。特别是有些主持人为了突出跟播音员的区别，在意识上不重视语音问题，认为没有必要像播音员那样严格要求自己，甚至认为带点外语词、带点方言味、带点港台腔是有个性的表现。作为规范语言的传播者和净化者，播音主持人员如果自身的语言规范意识不强，出现语音方面的低级错误就会误导受众。

此外，由于播音主持人员对稿件背景的理解和分析不透彻，节目中出现了很多停连问题，影响信息准确地传达。尤其是《新闻联播》这种庄重的节目中，有很多政策性的东西，如果句子停连位置不正确、断句错误，就有可能曲解政策的含义，影响国家政策传播的效果。

（2）专业素养有待提高

为适应广播电视事业对播音主持人员的刚性需求，许多院校开设了播音主持专业甚至建起专业院校，大批培养播音主持人才。对于一些初办学的院校来说，师资力量缺乏，教学管理经验不足，教学质量不高，所以在这种环境下，培养的播音主持人员很难合格。另外，不少播音主持专业的教学模式没有改进，缺乏创新，难以适应当下时代需求。高校教学还停留在传统的播音理论层面，学生在实践上很难达标。有些高校在播音主持专业教学中不注重提升学生的综合素质、不注重提高学生的综合文化素养，很多上岗的播音主持人员文化水平不高，在节目中犯了不少低级错误，影响了节目质量。

（3）自身定位不够准确

一些人对播音主持人员这一职业存在不准确的认识，认为做播音员、主持人很光鲜，很时髦，头脑一热，就加入这一行业中，而不是凭着自己对播音主持事业真正的热爱和对职业的敬重。对党和国家来说，播音主持人员是重要力量，从事着关系国家稳定的崇高事业，时刻代表着国家的形象。一些播音主持人员不具备较高的政治素养，没有把自己定位到"党和政府的喉舌"的高度，缺乏强烈的社会责任感和事业心，没有树立好正确的世界观、人生观、价值观和语言观，不遵循播音主持创作的规律，造成节目中出现了许多不规范的问题。

2. 客观层面

（1）外来文化影响

随着经济全球化的发展，各国之间的交流日趋频繁，与此同时，各国语言和文化相互渗透。改革开放以来，中国的国际化进程日趋加快，融入世界经济发展的浪潮中。外来文化对中国的影响日益凸显，尤其是外语词越来越多地渗透到汉语的使用中。英语这种国际化语言影响着我国社会的各个领域，对广播电视的影响也很大。播音主持人员在节目中，不时地夹杂外语词，影响了语言的规范性。

（2）队伍质量参差不齐

近些年，我国经济持续快速发展，人们的精神需求越来越旺盛，随之而来的是广播电视行业突飞猛进的发展，各级电视台不断涌现，节目形式多样化，频道不断增多，越来越多的人选择加入播音主持人员的队伍中。仅中央电视台就有43个频道，从业人数近万人。电视台总数的增长和频道数的增加也扩大了包括播音主持人员在内的节目编播制作人员数量，对传播速度和收视率的追求成了电视从业者的主要目标。

另外，现在节目的制作方式也发生了变化。以前播音员只负责播音工作，而现在随着节目种类的增多，许多播音主持人员不单单承担播音者的角色，也参与到节目的制作中，扩展为采、编、播三项业务。特别是节目主持人，他们往往在采访和编辑上下很大功夫，努力做出能吸引人眼球的节目，以迎合受众。

（3）海量信息挑战

随着科技的发展，我们已步入信息时代，各种现代化的通信设备的出现让信息变得畅通无阻。微博、网络实时在更新，受众能全方位地了解各种讯息。新媒体的出现对广播电视这种传统媒体提出了挑战。为了给受众带来最前沿的消息，保证广播电视新闻的时效性，节目制作者也在时刻更换最新消息。海量的信息是现实的环境，作为播音主持人员需要适应环境的要求，时刻做好准备，面对扑面而来的信息。

（4）管理和培训机制不完善

相关媒体机构在要求主持人规范使用广播电视播音语言时没有制定语言系统化管理机制，没有严格规定语言的标准用法，在播音主持人员使用语言时缺乏完善的拦截机制，这不仅仅会体现出播音主持人员的专业性不强，还会直接影响到人民群众对相关媒体机构的看法。

此外，相关媒体机构没有对主持人定期培训，播音主持人员自身的专业性可能会跟不上时代发展的变化，从而造成语言歧义问题。

四、播音主持的语言规范策略

（一）主观层面的策略

1. 规范语言形式

在新媒体时代下，对播音主持人员所提出的基本要求仍然是具有规范性的语言形式。在播音主持期间要结合节目风格与定位合理选择语言形式，并综合考虑多方面因素，使语言形式更加生动、灵活，在此基础上尽量打造亲民风格，从而提高受众喜爱度。另外，播音主持人员还要准确把握语言节奏，可借鉴各种新媒体出现的多样化语言风格，从而改善与优化语言形式。播音主持人员在转变语言形式的过程中，要体现个性化、亲和力和口语化，充分满足新时代受众的信息接收需求。

2. 关注语言情感

在播音主持过程中，语言情感会直接影响受众感受，合理、巧妙的情感语言能够明显提升播音主持效果。尤其在新媒体时代下，人们受到大量信息的冲击，其所需要的声音是可以唤醒情感记忆并且能够传达心声的，因此播音主持人员要关注情感表达。不仅要表达主题，还要凸显真情实感，体现语言的适度性，赋予节目更深刻的内涵。新媒体时代下，一档播音主持节目具有浓厚的语言情感特色，能有效地为节目加分。在播音主持过程中，要动态了解受众情感走向，充分满足其精神需求，只有这样，才能使受众更长久地关注节目。同时，播音主持语言具有正能量并符合社会价值观，可更容易被受众接受。受众受到真实情感的感染，才能进一步加深记忆，所以新媒体时代下的播音主持人员要关注并流露真实情感，促使主持效果不断提升。

3. 规整思想认识

语言是思想和情绪表达的载体，思想观念则能够决定语言表达的质量。播音主持人员的语言表达面向的是社会大众，其个人的思想道德与品质会在无形中对大众产生影响。因而作为主流媒体的广播电视播音主持人员，应该具备正确的思想道德与科学的工作观念。

首先，就播音主持人员个人的思想道德而言，各大广播电视台的人力资源负责人在招聘主持人的过程中，不仅应对应聘人员的工作能力与语言表达技巧进行检验，同时也应对其开展政治审查工作，确保其没有不良行为记录。同时要求播音主持人员在进行信息表达的过程中，避免提及争议性较高、虚假以及与社会整体价值观相悖的观点。

其次，在针对外交信息、军事信息、历史遗留问题、国内时事新闻等内容进行表达时，播音主持人员可以依照正确的思想对某一问题展开表达抑或评论，但是应把握个人主观情绪，避免出现偏激言论。

最后，播音主持人员应具有一定的前瞻性，在保障受众言论自由的基础上，对可能出现的消极言论进行事前引导与点拨。但是也要避免使用带有暗示性、煽动性的词汇，以免引发社会恐慌，造成不必要的消极讨论。

播音主持人员在工作中应严格把控其措辞表达。通常情况下，主持人会依照文稿与大纲上的内容进行节目播报。因此要求其在节目正式开始之前，务必要阅读文稿，以便于理清其播音思路。主持人应具有独立思考的能力，对主持文稿也应具有一定的纠错与编辑能力，针对重点内容应进行标记、有疑义的内容应进行反复核实并修改。广播电视台可以通过设置在线互动、听众连线等环节来引导受众与主持人进行交流，一方面可以增强广播电视节目的趣味性与互动性，另一方面也能够使主持人更多地了解当下人民群众的真实想法与诉求，从而更好地开展工作。

4.提高专业素养和能力

（1）提高播音主持人员的综合素质

为了确保播音主持人员规范运用语言，要求相关单位注重对这些职工的培养，要求播音主持人员要积累丰富的理论知识，杜绝在节目中运用不恰当的语言。

一方面，应不断提升播音主持人员的专业素质和专业能力，为规范使用语言奠定坚实的基础。播音主持人员需要对文学、语言展开持续性学习，对其他学科知识也要加强了解和掌握，如天文、地理、科学、医疗等领域。

另一方面，应与其他专业的播音主持人员加强业务技能交流，学习和借鉴优秀播音主持的优点，积极参与相关业务技能培训，及时纠正自身播音主持时存在的发音不标准等问题，最大限度地降低语言差错率，从而有效保障广播电视播音主持语言的规范性。

此外，在招聘播音主持人员的过程中，应当将基础业务素养与语言规范应用水平作为关键的评估指标，通过构建语言规范应用评估制度，使播音主持人员形成规范运用语言的习惯。还可以适当确定一些规范性的语言锻炼内容，让学生运用情境表演的方法充分提升自身的语言表述能力，充分提高其综合水平，为其将来参与相关专业工作提供一定的帮助与支持。

（2）提升播音主持人员的政治素养

在央视节目语言问题的统计中可以发现，播音主持人员出现语言错误，如停连问题，是对国家的大政方针不熟悉造成的，这对政策的准确传达造成了影响。作为党和政府的喉舌，播音主持人员应该具备坚定的政治立场和较高的政治素养，这样才能准确地传达党和政府的声音，起到沟通桥梁的作用。作为播音主持人员，平时应加强政策理论的学习，时刻把握国家方针政策和发展形势，吃透国家精神，谨慎有度、准确地传达党的声音。此外，各大媒体机构也应积极组织播音主持人员进行政治理论的学习，紧跟国家政策，充分发挥播音主持人员作为党和政府喉舌的作用。

（3）提升播音主持人员的文化修养

语言是思想的表达。播音主持人员的语言是其文化修养的体现，也反映出其播音主持的风格特点，只有具备渊博的知识才能有深邃的思想。在调查中发现，播音主持人员有时会出现常识性问题和语病，这是缺乏知识储备的表现。知识爆炸的时代，竞争愈发激烈，综合性的人才越来越被需要。另外，在新媒体背景下，对掌握信息的速度要求越来越高，播音主持人员要时刻面对各种迎面而来的信息，可能都没有时间备稿。在这个高速运转的信息时代，播音主持人员需要及时充电，在熟练掌握播音主持专业基础知识的前提下，广泛学习社科知识，特别要补充哲学、经济、文化、历史、法律等方面的知识，跟上信息时代的步伐，避免出现常识性错误。

此外，播音主持人员应该提高语言表达能力和语言驾驭能力，能够灵活、妥善地处理节目中的突发事件。这需要播音主持人员加强逻辑思维的训练，培养较强的临场发挥能力，以适应节目的需要。

（4）提升新时代的表达能力

作为新时代的播音主持人员，需要从不同意义、定位、技巧等方面入手，融合各种元素，使创作形式与内容有效衔接，有效克服心理及生理矛盾，从而充分体现语言的艺术美与意境美。要求播音主持人员结合自身的特点和风格，不断摸索具有个性化的创作方法、创作规律和创作道路，如新闻类播音主持人员在进行政府会议、要令、公报等报道时，需要采用书面化语言，并且用语要严谨，具有较强的逻辑性；在进行社会时事类新闻播报时，可根据内容性质适当添加感情色彩。目前不少播音主持人员在演播室利用专业化的口语表达方式进行短视频发布，这就需要对生活用语进行串联，充分运用新闻语言的基本功，生动呈现台前幕后的生活百态，有效提升主流媒体的社会影响力。

5. 树立独特的主持风格

现阶段的受众并不满意于过于格式化、单一化的语言表达形式。由此就需要播音主持人员能够在日常的工作中逐渐找到并养成独属于其自身的语言表达形式与播音主持风格。一方面，播音主持人员可以通过收集、整理外界对其自身的评价，在评价中探寻其主持工作中的优缺点与特别之处。通过放大优势、缩小劣势的方式来逐步塑造其独特的主持风格。此外，播音主持人员也可以利用语言艺术塑造主持魅力，表达过程中的声调、语速、主持态度等都可以对其主持风格的塑造产生积极影响。另一方面，播音主持人员也可以通过观察并模仿与其气质、喜好、外观等相契合的优秀前辈主持风格的方式来塑造其个人魅力。

除此之外，广播电视台相关节目策划人员也应该依照不同播音主持人员的特色来引导其参与到更适合其发展的节目中，借助节目的性质来进一步凸显播音主持人员的特点。同时需要注意的是，适当地引导并不意味着下命令，相关管理人员与策划人员应充分尊重播音主持人员个性化发展的需求。

6. 恰当选择网络语言

社会的发展导致了语言内容的不断更新，在互联网不断发展的今天，网民在语言方面，具有巨大的应用能力和创造力。这给互联网的语言应用提供了强大的生命力。虽然网络流行语存在着一些问题，但同时也有一些生动、有创意的词语，填补了汉语言词汇在实际应用上的空白。主持人在新媒体环境下的日常工作中，对于语言必须理性科学地分析，并规范语言的使用。面对层出不穷的网络语言，要理性对待，积极采用有时代特点和积极向上的词语，对粗俗低下的词语要坚决不用。

播音主持人员作为媒体工作者，在正常工作中不能无原则地使用网络热词，决不能因为使用近期热词，而让其影响节目主持质量，要科学地分析，提取精华，在做好主持工作的同时，满足受众的需求。同时，也要整合贴近生活的、积极健康的、生动的网络语言。

第七章 播音主持的品牌形象及语言规范

随着社会的发展,媒体传播以及广电主持必须进行多样化的发展,在广播电视播音主持中,需要科学地利用一些网络语言,合理地应用某些词语可以为新闻主持节目增添看点、活力以及内容。如一些网络词汇在被媒体使用后,能够产生良好的社会影响。

此外,对于一些在网上流行的热词,在节目谈话过程中,播音主持人员要避免单纯地跟风使用,避免使得原本严肃的话题失去原本的意味。回头来看,曾在互联网上用"火星文"写的东西,如今看来也成了许多人的笑柄。

在新媒体环境下,如果播音主持人员把自己当成"屌丝",用"打酱油"的心态和角度去做节目,那将对整个媒体导向产生极大的负面影响。所以,此类网络用语不宜在严肃的电视节目中使用。

因此,播音主持人员在选择网络语言过程中,要仔细甄别,保证语言规范,不仅要使大众广泛接受,还要与播音主持定位相符。

(二) 客观层面的策略

1. 加快监管机制建设

(1) 完善语言文字法律法规体系

新媒体用二十年的时间走完了传统媒体二百年的发展历程,其发展速度之快令人咋舌,同时也应当意识到,新媒体需要适当的法律法规、健全的体系支撑其可持续发展,语言文字方面的法律法规建设更是需要加快。

在国内新媒体发展的过程中,政策法规的出台可以说是在匆忙之中启动的。特别是互联网的跨媒体特征,给原来按照行业界限划分的法律法规体系带来了挑战。新媒体面临的法律环境是比较复杂的,仅仅针对互联网的相关法律法规就有数十个,其中有宪法与法律,有司法解释,有行政法规、部门规章和部门通知,还有地方法规和行业规范。而面对新媒体不断涌现的新应用,已有政策法规还将继续调整、修改,新的法规还会不断颁布。涉及网络管理的法律法规虽然比较繁多,但与日常编务工作密切相关的主要集中在版权保护以及名誉权保护等几个方面,关于语言规范的相关规定较为缺乏,主要语言规范依据仍然是2001年1月1日起施行的《中华人民共和国国家通用语言文字法》,其中第六条规定:国家颁布国家通用语言文字的规范和标准,管理国家通用语言文字的社会应用,支持国家通用语言文字的教学和科学研究,促进国家通用语言文字的规范、丰富和发展。

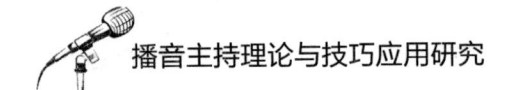

（2）制定合理科学的语言系统化管理机制

节目组在严格规定播音主持人员的筛选流程之后还应该在广播电视媒体企业内部制定一套科学合理的语言系统化管理机制，通过语言系统化管理机制可以及时发现播音主持人员在主持节目时出现的语言使用错误，并及时纠正，实现播音主持语言的规范化。特别是在信息传播速度加快的新媒体背景下，一套合理科学的语言系统化管理机制不仅可以提高播音主持人员的专业能力，使其根据国家制定的标准合理规范地使用语言，给人民群众树立良好的学习榜样，还可以及时拦截播音主持在主持节目时出现的语言使用错误，并给播音主持人员留出一定的时间及时纠正。节目组想要制定出一套合理科学的语言系统化管理机制可以从创新广播电视媒体企业自身的管理制度和借鉴相关媒体企业的管理机制这两个方面着手。

2. 优化语言使用准则

新媒体相对于传统媒体而言，尽管会更多地使用一些网络用语去满足受众的需求，但在语言使用的基本原则方面，应当始终保持正确的价值观，只有在合适的条件下使用正确的词汇，才能够达到良好的效果。尤其是在互联网普及程度逐年递增的时代，各个年龄阶段的受众随时都可以通过手机、电脑、平板电脑等电子设备上网，年龄较小的孩子也可以利用各类电子工具实现自主上网浏览信息，新媒体播音主持语言的规范使用，会对儿童及青少年的语言学习和使用起到良好的引导、示范作用。同时，既要规范语言使用，也要能够让新媒体继续保持活力，进一步丰富人们的生活和表达方式，在正确价值观的基础上，确定使用范围、地点等问题，建立一定的规范体系，从而促进新媒体良性发展。例如，在语言表达上，应注意把握好语言节奏，优化语言形式，根据节目定位和风格，在保持口语化、个性化和亲和力的同时，不失大众媒介的公信力与严谨性；在保持严肃认真的同时，保持语言表达的生动性。在语言表现力方面，注入真情实感，合理的情感语言可以让受众产生共鸣，能够唤起情感记忆的语言更容易被受众接受，也更容易被关注和记忆。在流行词汇的选择方面，应当精挑细选，以保持语言的规范性为根本原则，以大众喜闻乐见为主要条件，灵活运用热门词汇，达到事半功倍的效果。

语言的规范化也需要有关组织、部门的支持，相关单位、组织机构可以从各层面开展语言规范化学习培训，以此为基础，结合实践技巧和新媒体行业发展趋势，提高个人专业素养及行业整体水平。

3.树立正确的选拔理念

近年来,国家广播电视总局明确指出,广播电视节目在选择主持人的过程中,需要注意对综合素质的考量,不能录用任何存在争议的主持人,避免对节目质量造成不良的影响。这也体现出了我国对于广播电视行业的重视。在进行播音主持专业人才选拔的过程中,需要改变选拔的理念,向综合能力方向倾斜,从而选拔综合素质更高的播音主持人员,让播音主持人员走上工作岗位后,能够依靠个人的素养和语言来提高节目的质量,进一步促进我国广播电视行业的发展。

第八章 融媒时代播音主持的发展趋势

在融媒体时代背景下，互联网已经成为信息流通和传递的主要平台。传统媒体行业依靠互联网进行积极的改革。播音主持行业亟须调整，及时抓住机遇，积极迎战挑战。关注播音主持行业的发展，探究新方向，对促进播音主持行业的持续发展和创新意义深远。本章分为播音主持技术革新与应对、播音主持行业动态与观察两部分。

第一节 播音主持技术革新与应对

一、播音主持技术革新——人工智能技术的应用

（一）人工智能技术的概念与特点

1. 人工智能技术的概念

所谓人工智能，通常也被简称为 AI。它属于计算机科学的分支发展领域，其主要目的在于针对智能实质进行了解，同时产生和人类智能相仿的反应系统。对于此方面的研究主要包含专家系统、机器人、自然语言处理、语言识别以及图像识别等。自人工智能技术诞生开始，相关技术以及理论体系也日渐成熟，在实际应用领域范围方面也在不断扩展，在不久的将来，人工智能相关科学技术产品必然会是人类智慧发展的重要彰显。

对于人工智能通常涉及科学成分。它是具有挑战性的学科，对于人工智能领域的工作人员来说通常需要懂得仿生学、认知科学、语言学、数学、哲学、神经心理学、计算机科学、心理学等多个学科的知识。除此之外，人工智能和哲学之

第八章　融媒时代播音主持的发展趋势

间有着十分紧密的联系。对于科学而言，它属于哲学分支，在认识论层面和哲学之间保有关联性。

人工智能通常包含技术层面的内容，其可以借助机器学习、云技术、大数据、认知技术以及算法等来针对人类思维以及智能行为进行模拟，如规划、学习、推理以及思考等。

基于以上论述可以看出，人工智能既有科学的成分，也有技术的成分。

2. 人工智能技术的特点

（1）以大数据为基础

大数据是伴随着信息数据爆炸式增长和网络计算技术迅速发展而兴起的一个新兴概念。具体的概念定义为，在信息技术中，"大数据"是指一些使用目前现有数据库管理工具或传统数据处理应用很难处理的大型而复杂的数据集，包括数据的采集、管理、存储、搜索、共享、分析和可视化，其关键的技术是数据获取、数据预处理、数据存储、大数据分析。

人工智能系统的运行依赖数据，数据的基量越大，人工智能的系统操作就越丰富、结果就越真实准确。

（2）人工智能技术使得数据更丰富

人工智能技术使得抓取、分析数据变得更加容易，大大提高了数据推算的效率。随着各类感应技术和数据采集技术的发展，人类开始获取以往难以想象的数据量。人工智能也在相关领域拥有更深入、详尽的数据。人工智能优化了传统的数据储存、数据筛选、数据处理的模式，提高了数据处理的效率，让传统的大数据管理更加智能，更具可操作性。

人工智能技术是依靠着大数据技术的成熟而得以发展起来的，人工智能技术的发展又使得大数据技术的运用更加快捷，二者互相推动。

（二）人工智能技术在播音主持领域的应用形式

1. 虚拟主持人技术

人工智能技术的加持下，虚拟主持人的发展和应用已经成为业界讨论的热点话题，但仍需要更多地考虑如何将更多的人工智能技术成果应用于媒体融合发展的进程之中。其中，人工智能虚拟主持人就是推进媒体融合的人工智能技术的重要成果。无论是对于媒体融合的大环境，还是对于播音主持行业的智能化发展，虚拟主持人都具有重要的研究意义。人工智能和媒体的融合是大势所趋，人工智

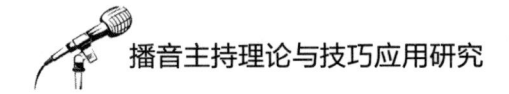

能技术与播音主持行业的深度融合也是大势所趋。虚拟主持人也正在以意想不到的方式重组播音与主持的生态系统。

通过对前期发展历程的梳理和研究，对各阶段虚拟主持人的特征进行总结分析，试探性提出未来虚拟主持人的应用主要集中在两方面：一是形成以传统主持人为中心的人机协同应用模式，以此为基础形成传统主持人与虚拟主持人有效互助的协同发展局面；二是形成以虚拟主持人为基础的智慧交互应用模式，以此为基础提高内容生产及信息传播的效率和质量。

（1）以传统主持人为中心的人机协同

彭兰教授曾提到未来媒体的三大特征是"万物皆媒""人机共生"和"自我进化"，预示协作和共同进步是传统人际主持和人工智能技术发展的主流趋势。技术一直是推动媒体转型发展的动力源泉，在媒体一体化深入发展的时代，传统主持人与虚拟主持人的融合一体化发展也是新的发展方向。但无论怎么样融合，信息传播的环节必定是以人为本，媒体的传播主体也一定是以传统主持人为中心，虚拟主持人有效互助的人机协同局面。

第一，"万物皆媒"中传统主持人的角色转型。当下媒体环境已然成为全新的融媒体环境，已经开创了媒体舆论传播泛化的新时代，主持人的信息传播主体角色已经从一个被动的"传声筒"变成了一个主动的"把关人"。信息的传播和接收打破了过去大众传媒单向线性传播的方式。社会上的每个人都是信息的接受者，也是泛信息的传播者，甚至是同时兼具信息的接收者和传播者两种身份，传统媒体在舆论掌握领域的地位逐渐下降。

虚拟主持人在革新媒体的同时，也带来了新的风险：只要登录数据库，就可以输入文本并向公众传播信息。这其中就会涉及很多大众传播的问题，如何确保信息的权威性？如何牢牢把握权威信息的发布权限？这是后续虚拟主持人的广泛应用中需要提前考虑并解决好的一个关键性问题。与此同时，面对虚拟主持人带来的挑战，如果传统主持人仅充当媒体的"传声筒"角色，那么势必会被表现得更稳定、信息播报更精准的人工智能虚拟主持人所替代。

库尔特·卢因在《群体生活的渠道》中提出：在群体传播过程中，存在着一些把关人，只有符合群体规范或把关人价值标准的信息才能进入传播渠道。传播学学者怀特在社会学中将这一概念引入新闻传播。他认为，在大众传媒的新闻报道中，媒体机构成了真正的"把关人"，它们对新闻信息进行选择，并决定哪些内容最终与受众相关。"把关人"扮演着决定是继续还是暂停信息传递的角色。通过对概念的解读，可以读出这样的结论：在信息的传播过程中，只有符合主持

第八章 融媒时代播音主持的发展趋势

人的价值观标准、符合大众群体规范的信息,才能进入主持传播的过程中。主持人也要在内部意识和外部技巧两个层面来主动适应并积极改变,以信息传播中的"把关人"角色来重构信息传播主体的角色定位,突出主持人在大众媒介传播中的信息传播主体地位、节目的呈现端口以及媒介形象的代言人等价值性形象。以主体价值性形象来重构自身在媒介中的定位,积极应对虚拟主持人的发展和进步带来的挑战和冲击。

在虚拟主持人的冲击之下,传统主持人改变自身定位的理念已逐渐成为业内共识,但有一些主持人在不同程度上仍有一些片面的想法。虚拟主持人出现后,如果传统主持人仍然停留在片面的思维上,传统主持人这一群体在不久的未来就会被人工智能虚拟主持人所取代。

在可预见的未来,基于人工智能技术的虚拟主持人完全可以承担程序化、低创意的信息传播工作。传统主持人必须考虑主动加入信息把关人的主体中,与编辑、记者、评论员一起,在信息传播的不同节点上对信息进行把关和加工,通过自己在传播的前期处理过程中的感知和思考,完成对传播内容的两次技术处理。此外,主持人是媒体与受众沟通的重要桥梁。今天,视听媒体是主流,主持人已经成为节目是否能够获得观众的认可的重要窗口和品牌。

第二,"人机共生"中传统主持人的得力助手。卡尔·海因里希·马克思和弗里德里希·恩格斯在《德意志意识形态》中说:"分工起初只是性别方面的分工,后来则是由于天赋(例如体力)、需要、偶然性等因素自发形成的。"社会的发展与进步不是靠一个人或者某个群体就可以完成的。同理,媒体的有效传播也是群体共同效力的结果,当下在媒体传播的分工领域,有必要加入新兴群体"虚拟主持人",或者说有必要加入人工智能技术,让新兴技术成为媒体传播分工中的重要一环。

不可否认,依靠科技的准确性,虚拟主持人可以超越时空的限制,全天候不间断工作,及时、准确且多语种地发布信息。现阶段,针对文字表层内容,虚拟主持人展现出近乎完美的专业表达能力,有效地避免了传统主持人因身体疲惫、情绪波动、思维惯性等原因造成的错读、漏读、重读、吞音等播报错误。在特定场景中,如特殊时段的新闻播报、突发性事件播报、灾难性事件报道等,虚拟主持人可以充分发挥自身专业性,第一时间将受众密切关注的内容传播出去,能够有效避免"真理还在穿鞋子,谎言已经满地跑"的情况出现,遏制谣言的散布。

此外,我们必须意识到人工智能时代的到来,势必会对媒体行业产生强有力的冲击。但我们要正确认识这种冲击力,将冲击力转化为工作性能的提升。虚拟主持人定然会是当下智能媒体、融媒体时代大环境下发展和壮大的群体，是全新技术加持下的高水平生产力。高水平、深度学习的虚拟主持人无疑是传统主持人最得力的助手，一味抵触或视而不见都是一种倒退的思想。我们要考虑的不仅是虚拟主持人当下对我们的冲击，还应该考虑如何适应时代的发展，主动迎合时代的变化、技术的进步。传统主持人现在必须要做的就是时刻关注并了解虚拟主持人的发展特性，学会如何在播音主持创作的过程中合理应用虚拟主持人这一高科技生产力，将其转化为我们主持人工作中的得力助手，从而实现以人为主的人机互助创新模式。

第三，"自我进化"中传统主持人的能力进化。传播学研究者高贵武曾说："作为受众，他们除了希望从主持人那里获得必要信息之外，更希望听到来自主持人个人对这些信息的理解和看法。"

优秀的主持人不仅是信息传播工作者，更是媒介与受众之间直接对话的桥梁，也是舆论的领导者。主持人对信息和内容的独特的分析和简要的评论，在很大程度上会直接引导和改变公众对某些特定信息的看法。传统主持人和虚拟主持人相比有非常明显的特点，传统主持人的主持呈现已然成为一种艺术，这是每一名主持人在长期的主持过程中所形成的主持风格体系。在今天开放、自由、平等的新媒体环境中，受众不再满足于被动接受信息，更多需要主持人具有明显的个人特征和风格。只有这样，主持人才能被受众所选择，才能更容易开展传播主体与信息接收对象之间的交流与对话。

中国广播电影电视协会主任张君昌曾提出，一名称职的新闻播音员应具备四种素质：第一，也是最基础的就是必须具备扎实的语言功底；第二，是要经过长期的学习，具备较高的文化底蕴；第三，因为主持传播过程的特殊性，在主持的过程中必须具备较强的应变能力，以成熟的技巧来应对不可控的节目播出及主持过程；第四，从职业精神层面上来说，必须要对事业有执着的追求和高度的敬业精神。就目前的虚拟主持人来说，其实第一个层面已经可以和传统主持人来比个高低，甚至可以说已经可以做到优于人类。无论人类主持人的基本播音技巧有多扎实，由于主持过程中不可控因素的影响，支持人可能会因为身体疲劳、注意力分散、心理惯性等原因出现语音错误，这是难以完全避免的。但是从其他角度来进行研究分析的话，主持人特殊的职业特点使其在很长一段时间内不会被虚拟主持人取代。

将简单的播报内容交由虚拟主持人来完成，传统主持人就可以拥有更多的时间和精力来完成更有价值、更有意义的工作内容。所有这一切取决于传统主持人的能力的提高。在传播信息的过程中，主持人必须要在自己理解的基础上，站在正确的角度和立场，对泛化信息进行筛选和把关，再应用合适的情感和语言表达技巧来进行主持传播的整个过程。

（2）以虚拟主持人为基础的智慧交互

在人工智能全面渗透到信息传播的全环节、全要素之后，人的价值何在？控制论的创始人诺伯特·维纳深刻地指出："人有人的用处！"虚拟主持人是技术，是基础，归根到底要"服务于人"，而不是"取代于人"。虚拟主持人的多域化打造重点在于智能生产、智能传播。当前的主持人不仅要注重媒体信息传播的即时效果，还应强调通过智能技术以公众喜欢和接受的方式进行传播。在传播内容和传播形式上必须有更多的创新和突破。实现虚拟主持人与传统主持人的智慧交互是更高层次的目的，以智慧交互的方式整体提升媒体传播的效率与质量。

第一，传播内容交互：数据内容与情感资源的协同。在人工智能时代，虚拟主持人集聚了人工智能技术和大数据分析能力，在传播内容上，一方面传统主持人需要精确的数据和大量的知识存储，另一方面虚拟主持人需要内容的有效传播和情绪的多样表达。由此，在媒介传播的过程中不如将传统主持人与虚拟主持人有效结合，各取其长，各自完成传播内容的最优化传播。

其一，在人工智能时代，随着云计算的快速发展，数据收集和存储的技术能力达到了一个新的水平。通过虚拟主持人与传统主持人之间的智能交互，形成功能强大、动态可扩展的信息资源平台，完成复杂数据和内容资源传播的大任务。智能互动社区的优势在于通过人工智能技术收集、聚合和存储海量碎片数据。传统主持人可进行基本内容阐述、情绪的表达，而虚拟主持人为进一步分析数据提供可靠基础。

其二，在人际互动方面，人工智能还可以帮助人们收集必要的相关信息。人工智能可以确定数据库中各位学者的立场和政治标签，并综合数据库中各位学者的意见，这样虚拟主持人在撰写相关文稿时，对话语空间和结构的把握就会相对更到位、更确定。这是人与机器交互方式的具体应用。由此也可以推议出播音主持人员在节目主持中，尤其是在做相关评论和传播数据化新闻信息的过程中，可综合使用人工智能虚拟主持人，从而完成最精准、最趋向于大众化传播的信息有效传播。

其三，探索新的应用程序场景。未来，无论是媒体内容的生产还是媒体信息的发布都将与场景紧密联系在一起，由此可见，场景相关创新已成为智能媒体的重点发展内容之一。人工智能技术带来了一场前所未有的技术革命，推动了人机交互领域技术的发展。在此背景下，虚拟主持人的学习和思维能力不断进步，现阶段已经能够做到清楚地理解指令，在不久的未来虚拟主持人将更加人性化，并且开始深度学习人类的思维和情感。对话将逐渐向人与"人"之间的对话模式转变，虚拟主持人的仿人性化带动情感回归，人和机器之间的对话将变得充满情感。

第二，传播方式交互：大众化与分众化传播的统一。互联网技术的发展使信息传播更加方便，传统媒体与新兴媒体的竞争也促进了传媒业的整合与转型，在各类媒介中产生了同质化新闻严重超载的现象。

一方面，单一化、同质化的新闻信息已经难以满足不同受众的需求，有效采集分门别类、个性化的新闻已成为众多信息用户的迫切需求。另一方面，大众媒介的特性决定媒体传播无法摆脱大众化传播的内容，媒体具备的社会功能在当下新媒体时期，必须尽力去实现，如信息传播、娱乐休闲、舆论监督、社会教育和文化传承等。

人工智能就是技术，技术只有被人使用才有意义和价值。无论是人工智能虚拟主持人还是其他形式的人工智能新应用，每一次的突破，本质上只是一种新技术的尝试，但是技术的最大使命就是为人类提供服务。对传媒业来说，它是制作更好的内容的技术基础。衡量新科技、新技术的标准并不是只关注到这一项技术的先进性、创新性或是超前性，也必然不是这一新兴技术在未来取代人类的可能性。要关注的一定是这一技术或者这一新兴事物能不能为人类提供更好的服务，创造更有价值的社会功能。

未来，主持人行业应将虚拟主持人视为"战友"和"帮手"，建立智能交互思维，积极拥抱人工智能技术。当前，在人工智能技术的推动下，传媒行业正朝着细分、精准的方向快速发展。但是无论以什么样的方式进行分众化传播、精准化投放相关信息内容，最终是为了完成大众化传播，完成媒体的社会功能。例如，虚拟主持人能通过对不同语料库中大量的、不同类别的语言风格进行数据化的分析、智能化的深度学习，进而自动生成能够适应不同人群语言习惯、语言风格的表达方式。

将同样通过大数据分析后的标签化的信息精准投送给不同的受众群体。同时，虚拟主持人可以利用自身的深度学习优势，高效完成多语种对外交流，高校提升专业素质。2019年，全球首个人工智能多语种人工智能主播"小晴"在两会上正式亮相。依赖机器翻译技术，它使用汉语、英语、韩语、日语等语种同声

第八章 融媒时代播音主持的发展趋势

传译两会的直播，第一时间将两会信息对外传播，促进了国内信息的大众化传播，完成了与世界各国媒体的高效沟通与交流。

第三，传播主体交互：受众需求与角色定位的谐调。传播学的边界在当下人工智能时代得以快速延伸，"万物互联"既包括物理性与生理性的连接，也包括心理性的连接。学者认为，个人决策是认知和情绪共同作用的结果，认知系统服务于调节系统，情绪是两者之间的桥梁。

当今时代信息传播不仅包括信息和事实的传播，也包括情感的传播。这也符合"后真相"时代的特征。在这一时代中，研究者需要清楚地分析研究受众的实时情绪、成长经历和差异化情感对传播过程的影响，同时也需要基于受众立场的多样性，对信息进行差异化解读和个性化分析。副语言表达形式和有声语言表达风格是传播主体和信息接收主体之间信息传递的重要渠道，在非言语内容的传播过程中，它有助于识别传播者的身份、表达情感的方式以及对言语内容的理解。因此，虚拟主持人的设计、虚拟主持人与传统主持人的形象交互，需要考虑特定的人类经验，包括理性和社会因素，如情感、好恶以及经验。这也是人工智能时代虚拟主持人这个传播主体的个性形象需要考虑的范畴。

播音主持的过程实际上就是与受众互动的一个过程，研究显示："主播播报过程中语言传递的内容只占7%，而55%的内容需要靠非语言符号来传递。"非语言的传播过程最明显的传播形态就是主持人与受众进行互动的过程，在这一过程中受众会不自觉地完成与主播的情感交互。而"虚拟主持人"目前尽管已经可以表达人的多种情绪，但尚未达到自如模拟并表现出人的全部身体姿态和面部表情的水平，另外，虚拟主持人缺少社会形象的建构，因此在受众心中无法真正把"虚拟主持人"当作社会的角色，难以构建出传播主体的形象。无论是当前技术已经较为成熟的全息投影模拟真人的虚拟主持人，还是虚拟卡通形象主播，要获得更多受众的认可与接受，需要从各个方面对虚拟主持人进行更加个性化、更加立体的虚拟形象建构。

为了避免"恐怖谷效应"，媒体不应该盲目地追求仿真人的极致形象，其实可以选择另辟蹊径，在人设设定上，多增加一些比较特殊的个性化设计，比如当前新媒体短视频环境中常常被受众广泛选择和传播的"梗"。例如，YouTube上的第一个虚拟游戏主播"绊爱"，它就是因为笨拙的游戏技术体验被称为"人工智障"，在不到一年的时间里吸引了数百万粉丝。北京广播电台推出的虚拟主持人"小冰"，被赋予了一个年轻美丽的18岁女孩的形象。各种提示的介绍，让观众迅速注意到了北京广播电台主持团队的"新面孔"——虚拟主持人小冰。相

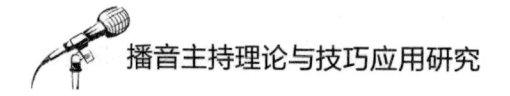

比之下，《经济之声》《文艺之声》《北京广播新闻》等相关节目在播出时并未给出类似提示，所以也并没有被受众广泛地选择和接受。

媒体运营虚拟主持人时可借鉴社交媒体、网络直播等平台中虚拟IP形象的运营策略，赋予虚拟主持人必要的身份信息，这对提升虚拟主持人在广大受众中的认知与影响力会起到积极的作用。从某种程度上会让虚拟主持人具备"人类情感和性格"。

2. 情感机器人技术

人工智能技术可以通过机器学习让机器在语音、动作方面表现得智能化，通俗地来说就是让机器像人。但人类除了有语言能力、行为能力外，情感才是人类最独一无二的特点，让机器通过数据对人类的真实情感进行机器学习可以说是一件极具挑战性的技术难题。情感机器人在播音主持行业的应用与推广必然会对该行业的发展产生巨大的影响，机器具有真实情感是一件非常值得深思的事情。

相较于已经出现的虚拟主持人来讲，情感机器人的创新性更高，主要表现在科技、文化和媒介这三个方面。虚拟主持人主要是利用虚拟场景投射出来的，情感机器人将会是一个具有实体硬件和情感，并能模仿人类形象的机器人，情感机器人的出现和应用必将会颠覆当今社会的一些理念和规则。

3. 智能语音技术

播音主持行业开始利用人工智能技术进行语音播报是现代人工智能技术发展史上的一项重大突破，可以实现科学意义上的人机交互，是现代人工智能技术快速发展的重要体现。人工智能技术不仅在语音播报和语言测评等方面实现了突破，在语音识别、合成和测评等领域也取得了进展。智能化的语音技术已经成为现代人工智能技术广泛应用的重要手段，它对现代播音主持行业的发展产生了深远的影响，AI语音播报正成为主持行业的新样态。

目前，现代语音识别技术的精确度高达98%。由此看来，人工智能语音播报技术可以取代部分播音主持工作，实现文字的有效转化，其发展还为语音的检测和合成奠定了坚实的基础。智能化的语音合成技术可以将语音快速转化为文字信息，换句话说，就是将语音合成为人们可以识别的语言信息，实现更高效率的人机交互。

人工智能技术的使用成本低、效率高，具有较高的精确度，这些都为播音主持行业的发展提供了契机。另外，智能语音合成技术在广告和纪录片的配音上也得到了广泛应用。例如，在《创新中国》纪录片中就采用了人工智能技术，解说

第八章 融媒时代播音主持的发展趋势

部分全程运用人工智能配音。通过选取特定的配音材料、对声音素材进行整理等步骤，将已逝的"配音大师"李易的声音"重现"。

人工智能技术除了可以进行文字整合和语音的识别，还具有特定的评测功能。评测功能还能对一些主持人产生影响，促使他们可以听懂机器上的模拟仿真语言，并纠正自己的错误。可以帮助人们在虚拟仿真的环境中进行语言训练，提高学习者的学习质量。另外，人工智能技术还可以对发音者进行标准测试，纠正其发音，使得其发音更加标准，促进播音主持行业的发展。

（三）人工智能技术在播音主持领域的应用特点

1. 可替代性

人工智能技术发展到现在已经与播音主持行业深度融合，除出现在荧屏上的虚拟主持人外，还以大数据分析技术、云计算技术、机器学习技术等形式为播音主持行业的发展提供帮助，但播音主持行业真正的主体仍然是人，因此一般来讲，对可替代性的讨论并不是指完全替代。人工智能技术在可替代性方面主要有以下几点表现。

（1）本质是机器

人工智能技术从本质上来看就是利用机器来完成一部分播音主持的工作任务，这些机器可以全天候24小时不休息地进行工作，也可以随时待命，没有人类所谓的休息、进食、睡眠等需求，人工智能技术的机器特性可以协助播音主持人员完成一些特殊的工作任务。

（2）可重复

人工智能技术可以替代播音主持人员来完成某些重复性极高的简单工作，例如，简单信息的播报、固定流程的主持等工作任务。在某些特殊的危险场景中，人工智能技术比人工更胜一筹，因为人工智能技术没有人类的情感，可以在危险场景中避免很多因为害怕情绪可能导致的失误和意外。

（3）交互性

人工智能技术可以让虚拟主持人同时与大量受众进行即时互动，真人主持人在发挥最大能力的情况下也无法完成如此大规模的互动任务，主持人与观众的互动性的提升就是技术为播音主持行业带来的进步。

2. 不可替代性

（1）情感不可代替

我国科技部门正在大力钻研情感机器人，但是情感机器人的研发需要耗费技术人员大量的时间与精力。人所具备的情感极其微妙，在不同任务中、不同环境中、不同交流中都会流露出不一样的情感。所以，传统播音主持人员的情感是不能够被代替的，人工智能技术无法与之抗衡。主持人在实际生活与工作中要重视培养自身情感，提高沟通和交流能力。另外，主持人还需加强研究人际心理学，充分掌握人类的情感变化，将情感投入日常工作中，促进自身的长远发展。

（2）个性不可代替

个性化问题是人们讨论的焦点，每个人对个性都有不一样的解读，每个行业对个性也有不同的认识。个性可以被认为是行为、价值观、态度、个人情感以及信念的总和。因为人工智能主持人没有情感，所以个性问题就无从谈起，尽管编程技术工作者会在人工智能机器人的某些方面设计得较为独特，但是它所表现出来的是僵硬的个性，并不是真正的个性。主持人在实际生活与工作中不仅要提高自身的主持功力，还要培养自己独特的个性，紧跟时代的发展，只有这样，才有可能不被这个世界抛弃。

（3）随机应变能力不可代替

人工智能主持人在大型活动中的应用较少，独立应对能力较弱，而主持人对大型节目的掌控能力较强，经常活跃在各大荧幕前。在节目演绎过程中，经常会出现一些特殊状况，假如使用人工智能主持人来主持节目，那么技术人员需事前对智能机器人设定专门的应急处理系统，用来面对突发状况，实践中，人工智能主持人并不具备随机应变能力。因此，主持人在实际工作过程中要着重培养自身的随机应变能力，以轻松处理特殊事件，做到处变不惊。主持人还应多动头脑，善于创新，勇于表达，不断地提高自身即兴表达的能力。

（四）人工智能技术在播音主持行业的应用策略

伴随着播音主持工作的多元化发展以及人工智能技术和相关设备的不断进步，在日常工作中如何使用人工智能技术已经得到业界的关注，逐步发展成新型的人机共存的关系，但是人工智能技术在播音主持行业中目前只是点状应用，依旧存在政策条例欠缺、配套技术发展缓慢、支持不足等问题。如何推动人工智能技术在播音主持行业中深层次应用依旧是行业亟须解决的问题。

1. 降低人工智能技术使用门槛

从国家层面而言，应该鼓励播音主持行业与人工智能技术之间的融合。由于处于行业一线的播音主持人员，多年来对自己的工作方式和流程已经形成了固定习惯，使用人工智能技术的初期，可能会给他们的工作带来额外的负担，这就

第八章 融媒时代播音主持的发展趋势

需要国家针对不同单位出台相关政策，面向技术研发单位，增加人力、物力、财力的投入，令其降低产品使用难度，以降低从业人员使用人工智能技术所付出的努力代价，促进从业人员在工作中对新型人工智能技术产品的应用；面向媒体单位，倡导播音主持人员积极使用人工智能技术，增强其使用信心。

相关技术研发单位应通过对播音主持人员的工作方式、工作习惯进行科学的分析、预测，研发出与播音主持工作更加贴合的技术或产品，合理清晰地设置相关软件界面或硬件操作面板，增加多样的服务功能，提升使用价值，降低使用门槛，降低使用难度，使得从业者在使用相关技术或设备时更容易上手，帮助其快速、高效地完成相关工作。

播音主持行业相关单位应在人工智能技术或相关设备方面，加大对播音主持从业人员的培训力度，定期组织从业人员外出交流、学习、观摩；注重理论和实践结合，开放和完善相关学术资源，不断注入最前沿的、最科学的使用技巧与方法，为从业者的学习和使用提供充分的理论支撑。

2. 营造使用人工智能技术的氛围

社会因素会影响行业或从业人员对一项新技术的使用意愿。加强人工智能技术与播音主持行业的深度融合，需要社会各方面的积极参与，国家应通过线上线下相结合的方式，广泛地宣传人工智能技术的科学性、便利性，并且在播音主持行业内，选取影响力强、专业素养高的专家、知名人士或行业领袖，对播音主持人员进行专业化课程培训，使其成为在日常工作中使用人工智能技术的引导者和倡导者，进而形成强大的羊群效应。线上可以注重新媒体平台对于人工智能技术的开发，通过微信企业号和公众号、新浪微博、腾讯微视、抖音等官方媒体增加领域专家的曝光度。定期投放相关视频，通过对专业知识的介绍和推广，加深播音主持人员对人工智能技术的认识，使得人工智能技术被广泛使用。线下可以定期举办人工智能技术知识讲座。

3. 引入人工智能技术相关设备

根据相关研究可知，公司或单位是否有人工智能技术或产品直接影响着播音主持人员在日常工作中的使用意愿，相关研发部门一方面要研发和从业人员工作配套的技术和机器产品，还要针对那些具有使用意愿的单位或个人降低使用费用，减小其经济压力，另一方面还可以为他们定制相关应用软件，保留、推广使用频率较高的软件，优化使用频率低或者难度较高的产品和软件。

各单位、公司要投入大量的资金，引进与人工智能技术相关的硬件设备及机器产品，例如，科大讯飞智能转写录音笔、新华智云媒体机器人以及更富有个性化的现场互动机器人，让播音主持人员有产品可用，有产品能用，并配置专业技术提供技术保障。另外，除了引进硬件产品、设备之外，相关单位也需要引进、购买相关软件技术，帮助播音主持人员更加高效、快速、便捷地完成工作，如智能撰写系统、"人民日报创作大脑"平台等。

人工智能技术的迅速发展颠覆了传统播音主持行业的运营模式、业务流程，因此需要单位、公司大量引进高端技术人才和管理人才，并大幅提升现有员工素质，以顺利推动人工智能技术在播音主持行业中的使用。

由此可见，播音主持行业内应用人工智能技术的现状还处于一个起步阶段，想要利用人工智能技术完成新时期播音主持行业的变革和转型仍然有相对较长的一段路要走。数据研究结果证实，努力期望、便利条件、绩效期望和社群影响四个方面对人们在行业内切实应用人工智能技术有着显著的影响，因而政府、行业单位、从业人员等面对即将到来的人工智能产业转型都应该肩负起自己的时代责任，积极建言献策，灵活应变以顺应潮流。

二、播音主持技术革新的应对策略

（一）积极且全面了解融媒体特点

掌握融媒体的特点，将其与传统的广播电视传媒结合在一起，寻找新的创新点，有利于播音主持人员适应社会变化，实现可持续发展目标。在融媒体时代下，新兴的传播媒体越来越多，不仅种类多，且更新速度快。每一种新媒体都有着不同的特点，作为融媒体的使用者，播音主持人员应全面了解融媒体的特点，并站在受众角度，了解融媒体带来的使用感受。对传统广播电视媒体传播方式存在的问题进行积极整改，从受众角度出发去思考，从播音主持专业人员角度出发去寻找对策，对传播方式进行拓展，从而提高播音主持人员的影响力。

例如，微信公众号是新媒体的一种类型。传统的电视节目或广播节目可以建立属于自己的微信公众号。利用微信公众号，引起受众对自身节目的关注，促进受众主动转发，参与对节目内容的评论，这有助于拓展传统广播电视节目信息的传播路径和受众群体覆盖面。播音主持人员可以定期上传音频、视频，分享广播电视节目的新动态，引导受众一起讨论。总之，播音主持人员要重视新媒体的作用，利用新媒体技术与越来越多的受众积极交流，分析总结融媒体的传播方式、传播途径、传播规律。

第八章 融媒时代播音主持的发展趋势

（二）坚持创新播音主持风格

融媒体背景下，受众对新闻节目的眼光变得日益挑剔，新闻信息要真实、有内容，播报形式要多元化、有选择性，主持人的形象要端庄亲切，还要形成有个人特色的主持风格。而对大部分受众来说，除了主持人的主持风格要与新闻节目定位相匹配之外，生动形象的解说远比枯燥无味的赘述更吸引人，准确的用词用语能够使播音主持人员体现出更强的专业性和更高的可信度。因此，播音主持人员要适应融媒体时代的要求，坚持创新和优化主持风格，为自己和节目加分。

主持基本功是播音主持人员应该具备的基本技能，奠定了播音主持风格的基础。独特的主持风格需要经过长时间的磨炼才能形成，主持人要有深厚的基本功，善于运用语言技巧，包括字正腔圆、情感饱满等基本要求。在播音主持过程中有可能出现突发状况，因此，主持人还要拥有良好的临场反应能力，能够运用语言技巧机智应对突发状况，逐渐形成独特的主持风格。

融媒体背景下，最关键的一点就是突出播音主持的互动性，带动受众参与。主持人要以满足受众需求为核心创新主持工作，对此，需要开发与应用新媒体平台。如在抖音、哔哩哔哩等平台进行实时转播或直播，根据受众评论等反馈信息，与其进行有效互动，增强受众黏性。此外，播音主持人员的风格应该更"接地气"，这就要求主持人在播音过程中突出个性化和生活化的特点，善于从生活入手，与嘉宾和观众展开互动，这样有利于使受众产生共情，从而达到理想的传播效果。

（三）关注创新能力的培养

"互联网+"时代下，新媒体飞速发展，各媒体之间相互交融，传统媒体也逐渐加入了新媒体发展队列中，纷纷成立了自己的微博、抖音、微信公众号等新媒体官方账号，以此来完成信息的共享。正因如此，新媒体队伍逐步扩大，这就要求传统媒体在创作手法、创作内容等方面要逐步完成创新。同时，这就要求播音主持人员也要做出创新与改变，以适应融媒体的发展环境。

播音主持人员不应被某一类风格的节目限制自身的个性化风格，相比于新媒体不受限制的特点，播音主持人员应形成自身的主持特色，一方面提高竞争力，另一方面提升个人主持魅力与影响力。

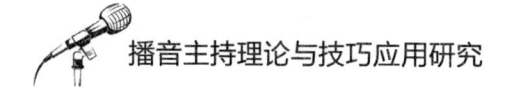

（四）重视个人专业素养的提升

随着融媒时代的到来，信息传播的方式、速度、内容都发生了巨大的变化，使传统媒体和新媒体得以相互联系和融合。在这方面，播音主持人员的专业素养不断提高，以适应新媒体的快速发展。

主持人需要通过各种各样的媒体、镜头来向受众传递信息，在某种程度上来说，主持人所表达的观点与态度可以影响受众的思维。因此，主持人应储备大量的知识，播音主持是一门非常杂的学科，这就要求主持人储备多学科的知识，以备不时之需。同时，提升文化素养也是提升主持人个人魅力很重要的一点。如央视主持人董卿，她博闻广记、视野开阔、知识储备量大，能够让受众很快被她自身的主持魅力所吸引。并且，一名优秀的主持人应有自身独特的主持风格，这种风格不是一天就能形成的，需要日复一日地沉淀与积累，从而清晰地明确自己适合主持什么节目、该以什么样的样态主持节目。

从前的电视节目更倾向于"你说我听"的形态，但在媒体融合的发展过程中，主持人与受众加强了互动性，这就要求主持人应接地气、具有亲和力，不能以高高在上的姿态将信息强行传输给受众，这样的主持人在融媒体背景下不会被大部分观众所喜爱。同时，主持人应提高自身的应变能力，有自己观点的同时也能够引导大众走向正确的舆论方向。有声语言是播音主持人员传播信息的工具，所以一名主持人必要具备扎实的语音基本功、优秀的语言表达能力，在使用语音技巧的同时引起受众群体的情感共鸣。

同时，播音主持人员不应只负责传播信息，现如今对播音主持人员的职业素养要求日益提高，要求播音主持人员应是全能的。采、编、播、剪都是基本技能，要做一体化、全能型播音主持人员，全方面发展。要求在没有策划、没有导演、没有摄像的情况下，也能够向受众群体随时随地地传播有效的优质信息，这是传统媒体中播音主持人员完成转型的最重要一步。

（五）强调对"网络流量"的把握利用

随着媒体融合进程不断加快，涌现出了大批的"网络红人"（被大家称为"网红"），同时也带动了新媒体的发展。在互联网上有许多传播优质内容的网红，但同时也有很多趋于"审丑趋势"的所谓"网红"。这类"网红"可能会爆火一时，但我国媒体监管机制也在加速完善中，对此类负能量传播者会进行严厉打击。在 2019 年至 2020 年，我国媒体监管部门就对此类"网红"下达了"封号"命令，如全面下架"吃播"，这也是在响应习近平总书记提出的"人类命运共同体"中的节约粮食、抵制浪费的理念，加速靠近国家主旋律。因此，播音主持人员应与"网红"有所区别，不能在"流量"面前无所不用其极，应传播优质内容，传播符合正确价值观体系的内容，引导正确的舆论方向。

现如今，许多播音主持人员也纷纷加入了网络直播的行列，例如，在进行电视直播的同时，也会架起机器进行网络直播，使不能够在家观看电视的受众也能够在手机移动客户端观看节目，这就是很好地利用了新媒体的发展优势。

同时，网络直播带货兴起，许多传统媒体中的播音主持人员也加入了带货行列，但是他们与"网红"带货最大的区别是他们做的大都是公益性的带货直播，而不是趋于个人利益。例如，央视朱广权老师进行直播带货，是为了援助在新冠疫情当中受损的商家，而大多数网红带货只是为了个人自身利益，这是最大的区别点。因此，播音主持人员擅用"网络流量"的同时也要慎用"网络流量"，不可过度消费粉丝与受众。

（六）细分受众群体与把握受众心理

融媒时代下，在新兴平台中，有着很精准的内容划分。例如，在抖音平台中，有多种多样的视频内容——新闻资讯类、情感类、好物分享类、剧情沉浸类和读书分享类等各大板块。不同板块的受众群体是有所不同的，这就是新兴平台对受众群体的详细划分，从而在创作内容上做出精准分类。同样，播音主持人员在全媒体发展环境中，也需要对自己的观众、听众做出详细划分，这样做出的内容才能够具有知名度。与此同时，播音主持人员还应把握好受众的心理，快速获取受众关注点。

在传统媒体中，播音主持人员是根据稿件、根据策划向受众传达信息，缺乏沟通与交流。但在当下媒体融合的发展过程中，受众更看重交流感与话语权。例如，爱奇艺自制辩论网络节目《奇葩说》中的主持人马东，他就对受众群体做了精准划分（观众主要为年轻人），并且把握住了当下年轻人的心理状态与观看需求，在节目中，他个性鲜明、妙语连珠，形成了鲜明的主持风格。与他之前在湖南电视台谈话节目《有话好说》中的主持风格形成了对比。同时，他还在微博等新兴平台上与观众积极互动，拉近了与受众的距离，从而提升了自身与节目的影响力。

第二节 播音主持行业动态与观察

一、融媒时代播音主持行业新特征

（一）突破了时间、地域和角色限制

过去，播音主持人员主要是通过广播和电视进行播报的，播放时间大多固定不变，在不同的时间段为受众播报不同类别如体育、经济等诸多方面的信息资讯。而融媒时代的到来，使得受众登录网络平台即可随时随地收听、观看各类节目，摆脱了传统来自时间和地域方面的限制与束缚。与此同时，融媒时代下，播音主持人员的角色也产生了一定的变化，竞争越来越激烈，原本属于不同行业和领域的人员也进入了播音主持领域，摇身一变成为主持人，使得节目风格更加多样化，这对传统播音主持领域造成了极大的影响，同时给播音主持人员带来了严峻的挑战，工作内容及工作环境均发生了巨大变化。

（二）突破了传统媒体的固有模式

传统媒体时代，播音主持人员是宠儿，不仅有绝对的话语权，并且在广播电视节目当中起到了控制节奏以及编排节目顺序等多方面的作用。

（三）播音主持行业的发展面临更多机遇

融媒时代下，传统媒体发展受阻，步入了发展瓶颈期，但同时也赋予了播音主持行业更加广阔的发展空间。媒介融合的环境下，信息爆炸的特点尤其突出，数字电视、网络电视、手机电视等媒介融合的产物已广泛渗入了人们日常生活的方方面面，并广泛应用于各个行业，推动着社会的变革。移动媒体的传播成为主要方式，众多自媒体平台涌现，顺应时代趋势的变化，广播电视行业也在不断开发网络节目，造就了台网融合下的播音主持模式，实现了传统媒体与互联网的结合，节目可以随时随地地进行传播，主持人被赋予了更多的内涵，有了多种多样的表现。

（四）时代特征非常明显

播音主持行业本身就是一个带有强烈时代性特征的行业，且从行业发展来看，播音主持人员面向大众和社会，所以需要不断地创新才能够满足大众的需求。同时播音主持行业还需要不断地应对、解决时代发展产生的挑战以及把握发展过程中所面临的机遇，只有这样才能够确保播音主持行业每时每刻都与时代相联系、相适应。受到时代特征的影响，播音主持的形式也呈现出多元化的发展状态，无论是播音主持形式还是主持风格均需要依据时代发展而创新，且在融媒时代下更具开放性，即秉承着兼容并包的态度向观众提供更多符合社会潮流的优质节目。

二、融媒时代下播音主持行业创新发展趋势

（一）转变播音主持语言样态

融媒体背景下存在传播渠道广泛、传播内容庞杂、受众逐渐细分的问题，以往的新闻传播所运用的语态已不再适用于当前各种形式的传播，因此需要转变播音主持的语言样态。生活化的语言更加符合融媒体背景下的受众接受习惯，创新节目形式，根据节目内容使用网络语言发表独到的见解是主持人的评论亮点，网络语言使节目评论的内容更加生动形象，容易理解，因此受到观众的广泛关注与喜爱。

大部分网络用语具有短小精悍的特点，其内涵往往引人深思，对其进行合理的使用，既能够旗帜鲜明地表达立场和态度，引导舆论导向，又能在很大程度上吸引受众。这样的生活语言样态的使用能够提高大众的接受度，具有事半功倍的效果。完美的语言表达状态是信息有效传播的重要手段，要求主持人合理使用表情、手势等体态功能，达到丰富语言表达的目的。

（二）提升新闻时效性

对于广播电视行业而言，确保节目的时效性是十分重要的一项指标，尤其是在当前媒体行业竞争日趋激烈的今天。传统的广播电视采制、播出流程，通常是在资讯采集之后，再进行后期制作并播出。在此过程中，往往需要花费大量的时间，信息发布的时效性得不到保障。一些有实力的广播电视台为保障信息发布的

时效性，往往采用现场实况报道的形式，利用移动互联网技术将现场情况实时传输到演播室，由播音主持人员呈现给观众。

值得一提的是，应用新媒体技术做实况播报对现场工作人员尤其是播音主持的业务水平要求较高，不仅要求他们对播报的流程有明确的了解，更需要具备把控现场的大局意识以及面对突发事件时的政治意识。

（三）转变播音主持人员的角色定位

在融媒体环境中，对受众的划分更加精细化，这与近年来新媒体平台不断涌现的情况有很大关系，同时也导致播音主持行业的竞争日益激烈。对此，应转变播音主持人员的角色定位，拓宽行业发展空间，以培养复合型传媒人才为核心目标，为行业进步提供助力。

首先，播音主持人员要成为更加专业的"解读者"，对待新闻信息，要善于从不同角度、不同维度解读其内涵，语言表达要更加具体，从核心信息延伸到不同的领域和内容，将新闻节目以迥异的形态呈现出来，满足不同受众的观看或收听需求。

其次，在以前的播音主持工作中，主持人往往只负责信息的传播，而如今对播音主持工作的定位是写、编、播一体化，因此主持人要完成由专业人才到复合型人才的蜕变，不应只将注意力放在信息播报这一个环节上，而是要在此基础上，学习新媒体相关知识，不断完善自己的知识体系。

最后，播音主持人员要成为电视传媒领域的指导者而非执行者，积极参与节目信息的采集、文案的撰写以及节目的制作等各个环节，在提高节目的社会影响力的同时，打造个人品牌，为播音主持行业的高质量发展筑牢基础。

参 考 文 献

[1] 吴晓蕾.电视播音艺术的实践与探知[M].上海：上海科学技术文献出版社，2011.

[2] 高国庆.播音主持美学论纲[M].北京：中国传媒大学出版社，2013.

[3] 张晓玲.播音与主持语言创作教程[M].重庆：重庆大学出版社，2013.

[4] 刘萍，荀瑶.播音主持能力与素质教程[M].哈尔滨：黑龙江大学出版社，2014.

[5] 应天常.播音主持技艺教程[M].武汉：武汉大学出版社，2014.

[6] 毕一鸣.当代播音主持艺术概论[M].北京：中国传媒大学出版社，2015.

[7] 孙国栋.播音主持实用训练教程[M].北京：中国传媒大学出版社，2016.

[8] 王韦皓.播音主持：语音发声语言表达基础[M].北京：语文出版社，2017.

[9] 熊萍.播音与主持新论[M].长沙：湖南大学出版社，2017.

[10] 陈康.新媒体时代新闻播音主持理论与实践[M].青岛：中国海洋大学出版社，2019.

[11] 赵若竹.技术条件下播音主持形态发展研究[M].北京：中国传媒大学出版社，2018.

[12] 梁亚宁.融媒体时代播音与主持艺术发展策略[M].长春：吉林大学出版社，2018.

[13] 鲁景超.播音主持艺术[M].北京：中国传媒大学出版社，2016.

[14] 肖灿.融媒时代的新闻传播途径研究[M].长春：吉林出版集团股份有限公司，2010.

[15] 林小榆.融媒时代的播音主持艺术研究[M].广州：暨南大学出版社，2020.

[16] 饶丹云.新闻节目播音主持教程[M].上海：同济大学出版社，2020.

[17] 李观慧.普通话语音与播音发声训练[M].重庆：重庆大学出版社，2020.

[18] 郭恩.人工智能背景下播音主持的挑战与机遇[J].中国报业，2021（19）：112-113.

[19] 董华一.广播电台播音主持语言艺术创新研究[J].新闻传播，2021（22）：91-92.

[20] 徐康，范康文，贺争怡.浅谈融媒时代播音主持的新定位[J].中国报业，2021（21）：124-125.

[21] 宋安琪，刘慧楠.融媒体时代播音员主持人才培养策略研究[J].西部广播电视，2021，42（21）：73-75.

[22] 崔朦戈.新媒体时代下播音主持的语言个性化特征分析[J].新闻传播，2021（21）：108-109.

[23] 陈刚.新形势下广播电视节目中播音主持水平提升的路径选择[J].新闻传播，2021（20）：99-100.

[24] 王瑞.媒介融合下播音主持业务素质提升策略[J].中国报业，2021（19）：122-123.

[25] 房璟秋.全媒体时代下播音主持发展的新路径[J].数字通信世界，2021（10）：224-225.

[26] 牛军义.浅析融媒体时代新闻播音主持的发展策略[J].新闻前哨，2021（09）：53-54.

[27] 李璐.媒体融合时代下广电播音主持的创新与发展[J].大众文艺，2021（17）：101-102.

[28] 吉照远.新媒体环境下广播电视播音主持工作模式探析[J].新闻研究导刊，2021，12（16）：207-209.